新潮新書

物江 潤
MONOE Jun

「それってあなたの感想ですよね」

論破の功罪

JN224160

1063

新潮社

はじめに

「それってあなたの感想ですよね」

「なんかデータってあるんですか？」

ついに、この言葉を投げかけられてしまいました。ひろゆき氏に始まる、心をザワザワさせる挑発的な物言いは若者に大うけし、全国の小中学生が親御さんや先生にぶつけていることは知っていましたが、まさか当塾で耳にするとは思いもしませんでした。しかも、この言葉を発した生徒に対し「論破」の意味について尋ねてみたところ「相手をいらつかせること」と答えが返ってきたうえに、データに至っては「意味は分からない」とくれば、どうにもこうにも脱力せずにはいられません。親御さんや学校の先生方の苦労がしのばれます。

私は叱りました。ガミガミとうるさいことを言うのは嫌いですが、このときばかりはきちんと叱りました。なぜならば、この言葉は本当に危ういからです。こんな考え方を身にまとい日々を過ごすようになれば、それは破滅への道に通じていると言っても過言ではありません。

ひろゆき氏は時代の寵児です。八面六臂の活躍は周知のとおりで、YouTube、書籍、テレビ番組における活躍のみならず、『異世界ひろゆき』（集英社）という、主人公である彼が敵を論破しまくる漫画まで登場し人気を博しています。知の巨人と称される作家の佐藤優氏が、ひろゆき氏を「もっとも影響力を持つ論壇人の一人」としたうえで、彼の思想を過小評価すべきではないと指摘しているように、その影響力は絶大です。実際、「進研ゼミ小学講座」が実施した調査によると、「それってあなたの感想ですよね？」は二〇二二年の流行語ランキングで一位、二〇二三年には四位となっています。調査結果だけを見ると、この言葉が全面的に小学生から歓迎されているようにも思えます。

しかし、少し違った実情も見えてきます。この言葉、たしかに流行している様子が生徒からも伝わってきますが、それと同時に忌み嫌われている様子もまた伝わってくるからです。

このことは、学校での掃除の時間を考えてみれば容易に理解できます。

みんなが苦労して雑巾がけをしているなか、足で雑巾を踏みつけて掃除をする男子がいるとします。勤勉な女子は彼に「足で雑巾を踏んじゃいけないでしょ」と注意をしますが、それに対し先のような言葉で応戦してしまっては、クラスメイトから嫌われるのは当然です。注意に対しては屁理屈のような反論で応じる一方、よりよい掃除のための代替案は一切提示しないとくれば、嫌われない方がおかしい。批判という名の論破をすることが痛快でたまらない男子は、論破を試みるごとに周囲から疎まれてしまうわけです。

先生と生徒の間にも、同じようなことが言えます。とある荒れ果てた中学校のクラスでは、先生の指導に対し「それってあなたの感想ですよね」という言葉で応じる男子たちがいても、先生は指導をしないのだそうです。「怒られているうちが花」なんて言いますが、学級崩壊が生じている場合、もはや先生は怒りさえしないという話は「あるある」です。

立場が上であるはずの先生を、あたかも論破したかのように黙らせ、好き放題に振る舞うことができるとくれば、こんなに愉快なことはありません。先生からの指導や学校のルールという名の手かせ足かせから解放された生徒たちは自由を謳歌し、一時は楽しい学校生活を送ることでしょう。

しかし、その代償はあまりにも大きい。クラスメイトたちから白い目で見られるうえに、学力低下や成績の悪化を招き進路の幅が狭まるという散々な未来が待ち構えています。

この生徒は、目先の楽しさや快適さを優先した結果として、多くのものを失うことになります。

まず、クラスという名の共同体（居場所）を喪失したため、学校の外やネット上で居場所を確保する必要が生じます。学校内におけるルール（規範）を否定すれば、その学校内の共同体から排除されるのは必然です。

先生に代わる権威を求めるのであれば、適切な権威を探すという難しい仕事が待ち構えてもいます。ネット上を探せば、そんな権威になりそうなカリスマ的存在はあちこちにいますが、果たしてそれに従うことが本人にとってよいことなのかどうか、相当に微妙です。いわゆる迷惑系 YouTuber にさえ、小中学生と思しき熱心なファン（信奉者）を確認できるあたり、安易に先生の代わりと見なすのは危険でさえあります。居場所も権威も否定し一人で生きてもよいのですが、その道のりが険しいことは自明でしょう。

ひろゆき氏の言葉には「論理やデータが非常に大事だ」という含意もあります。が、そもそも学習が十分ではないこの生徒は、論理やデータを使いこなすことができるとは思えません。むしろ、それらを滅茶苦茶に使ってしまい、あらぬ方向に突き進んでしまうような気がします。規範や権威には従わないが、そうかといって論理やデータに基づいた適切な判断もできないとなれば、いったいこの生徒は、これから何に基づいて生きていくのでしょうか。


こうした論破の弊害は、今夏の東京都知事選で注目を集めた石丸伸二氏をめぐる騒動からも見て取れます。とりわけ、テレビ番組でキャスターや論客たちと議論をするものの上手く話がかみ合わず、石丸氏が再質問を繰り返したり言葉の定義について何度も確認をしたりしたシーンは、この問題を考えるうえで示唆的です。

ここでのポイントは、（形式）論理学における論理と日常生活における論理の違いにあります。

前者の場合、使う人によって意味が微妙に異なってしまう曖昧な人間の言葉を使わない代わりに、わざわざ人工言語まで作るという徹底した緻密さがあります。ざっくり言えば、学校で習う数学のように、論理的な正しさにはブレがなく、ただ一つに定まるという厳密な世界を作ってしまったのです。幾度となく定義や話の前提を確認する石丸氏の話法は、そんな論理学を想起させるものです。

一方、たしかにそれは厳密だけれども、日常生活で活用するのには難しすぎます。実際、日常生活においては論理学ではなく、それぞれの社会や業界内で通用する論理・暗黙の了解・習慣などを踏まえたラフ（＝いい加減）な議論が展開され、たびたび業界内の人間にしか理解できない代物になりがちなことはご承知のとおりです。

そんな業界のお約束を無視し、万人に開かれた緻密な話をしようとする姿勢そのものは、議論において非常に大切なことだと思います。しかし、石丸氏が意識しているかどうかは分かりませんが、この両者の溝を悪用し過剰な厳密さを相手に要求すれば、あらゆる質問を撃退できる禁じ手になることもまた事実。

やり方は簡単です。相手の主張や質問を、論理学と同じようなレベルでチェックするだけです。そうすれば確実に粗が出てくるので、より厳密に話すよう再質問をすればよい。仮に相手がいかに厳密な返答を試みても、それを口頭で論理学と同じ水準にまで上げるのは不可能なので、延々とより緻密な主張を要求し続けることができます。相手が返答に窮したその刹那、強い口調で批判をすればなお効果的でしょう。なんなら、幾度となく再質問をすることで時間切れを狙うことも可能です。荒っぽく言えば「その言葉の意味するところが不明瞭なので、もっと厳密に定義してください」といった類のセリフを繰り返せばよいわけです。

この場合、議論を全体的に見れば無理難題を吹っ掛ける側に問題があるのですが、より厳密なレベルを要求している側でもあるため非があるように思われにくい。切り抜き動画であれば全体像を確認できないので、そもそも問題になりえません。厳しい質問や主張により相手を攻めるシーンが切り抜かれた動画は痛快であり、この時代に適合した新しい手法だとは思います。

「新しい」という言葉が象徴するように、この手法は新しい世代に深く刺さったようです。彼らから多くの票を集め、選挙前の予想を大きく上回る二位に躍進した一因に切り抜き動画があったことは想像に難くありません。日常的に切り抜き動画に触れている世代とそうではない世代とでは、見えている世界が相当違っていることを示唆する出来事でもありました。

しかしながら、その弊害は如実にあります。強烈に相手を論破するというスタイルをとるため、味方／敵が明瞭に分けられてしまうのです。結果、熱狂的な一部の石丸氏の支持者たちが、敵と見なされた側に執拗な誹謗中傷を投げてしまうのは問題でしょう。そして、敵と見なされた側もまた石丸氏に大量の誹謗中傷を投げかけることで、さらに状況が混沌としてしまうわけですが、こうしたネット言論の世界に呆れ果て、多くの良識ある人々が撤退するのは目に見えています。

論理やデータは大切です。議論をすれば論破をすることもあるでしょう。ただ、これらに至上の価値を認めてしまう現代の風潮は、どうにも腑に落ちません。本当に、そんなに論理は大切なのでしょうか。

「それってあなたの感想ですよね」論破の功罪◆目次

序章　Z世代と年賀状

子は親を映す鏡と言いますが、子供の社会は大人の社会を映す鏡でもあるようです。冒頭で記したエピソードと同様の現象は、大人の社会においても見られるものです。論理やデータに関する話にしても、そっくりそのまま大人社会にも当てはまります。中高生に数学を教えている立場から申し上げれば、データや論理を適切に扱うための必要条件に過ぎない中学・高校の数学でさえ、半数を優に超える脱落者がいます。だから、果たしてどれだけの方々がデータや論理をきちんと使えるのだろうかと思えてならないのです。

私自身、一定レベルの適切さでデータや論理を扱えるかなと思える分野はごくごく限られており、総じてあまり自信を持てないでいます。門外漢の領域であれば、データを読み解ける自信は皆無です。データや論理を適切に使うのは大変に難しい一方、万人が持つべき必須の能力かのように見なされてしまう風潮には、首をかしげざるを得ません。規範に関する話もまた、やはり大人の社会でも妥当します。

さすがに「それってあなたの感想ですよね」とは発しませんが、自分にとって非合理的に思える規範を積極的に破壊していくことで、目先の快適さや効率性を追求することを是とする風潮が強まっているのは、多くの人々が感じていることと思います。コスパ・タイパという指標の前で不要に思える規範は邪魔者でしかないようです。

たとえば、年賀状はどうでしょうか。二〇〇三年には約四十四億六千万枚にも達していた発行枚数は、二〇二三年には約十四億四千万枚にまで落ちており、ここ数年の減少率は特に高くなっています。年始のあいさつをするのであれば、スマホで済ませた方がコスパ・タイパがよいと多くの人々が判断した結果でしょう。また、参加が当然であったはずの町内会や自治会は、煩わしく感じ不参加を決め込む人が増えているどころか、そもそも存在意義が問われ解散するケースも目立ってきましたが、こちらも年賀状と同様の事情が見え隠れします。

学校においてもまた、規範は厳しい攻撃を受けています。学校の内部でしか通用しない特殊な校則について、親御さんからクレームが寄せられるという話はよくあることです。一昔前であれば「ルール（規範）はルールだから守ってください」で対処できたのは校則の権威のおかげでしょうが、もはやそれも風前の灯火のようです。

権威の低下といえば、プロ野球チームのコーチでさえ例外ではありません。信じがたいことに、元プロ選手のコーチの指導に対し「YouTubeではこう言っているから」と反論をする選手がいるとする報道が散見されるのです。こうした現象は学校現場でも同様であり、学校の先生の指導よりも、教育系YouTuberの言葉を優先するなんて話は、特段驚くべき現象ではなくなりました。

もちろん、年賀状を出さなかったり町内会に参加しなかったりするだけで、先の生徒の事例のように悲惨な末路が待っているとするのは極論です。特に年賀状の場合、出さないことで常識外れと見なされることは、もうないでしょう。

校則にしても、あまりに常識外れの馬鹿げたものは撤廃して然るべきです。二〇二四年一月十二日に西日本新聞が配信した『修学旅行のお風呂「水滴チェック」あり？　裸を教員に目視され…福岡県内の公立中「必要な指導」』では、見出しが示す通り、常識外れのルールがまかり通っていた様子が報じられています。同校によると、「入浴マナーを身に付けるためにも必要」な指導なのだそうですが、人びとの理解を得るのは難しそうです。

理不尽な校則が示唆するように、学校の先生の指導がいつでも正しいとは全く限りません。先生の権威を否定し、教育系 YouTuber の方を信頼した方がよいことだって、いくらでもあるでしょう。もしかすると、プロ野球の世界でもそうなのかもしれません。むしろ、権威主義者となって思考を停止するくらいならば、自己責任という名の下に、自分ですべてを判断するという生き方も一理あります。

理不尽な規範ならば、それは改めるべきです。張りぼての権威であれば、否定した方がよいとも思います。しかし、何事もそうですが、良いことずくめなどという都合のよいことは滅多にありません。規範や権威を否定することで得られる快適さには即効性がある一方、デメリットは遅れて生じるため把握が難しいものの、その悪影響は確実に存在します。

しかし、このことについて、現代社会は無頓着に思えてなりません。先述した、規範や権威に依存せず全てを自分で判断するという生き方にしても、どれほどの人々が実現できるというのでしょうか。

ここで、少し話を整理してみます。

「それってあなたの感想ですよね」は、現代を象徴する言葉であると考えます。自分にとって不快な規範を非論理的なものとして軽んじる現代人の心象風景を、端的に示した表現だということです。この言葉により、あらゆる権威や規範は攻撃を受けているわけです。

また、この言葉は相手を論破するために使われるものでもあります。議論や対話を拒否するような物言いに対し、違和感や嫌悪感を覚える方も少なくないはずです。論理やデータに至上の価値を認め、これらを駆使することでマウントを取ることが持てはやされる風潮に、眉をひそめる方々も多いと推察します。非論理的なものだけでなく、生産的な議論や対話もまた攻撃を受けているのです。

そこで本書では、この言葉により攻撃を受けている様々なもののなかでも、規範・感想・議論の三つに焦点を当ててみます。攻撃を受けることで深刻な副作用をもたらす「規範」と、この象徴的な言葉により激しい攻撃を受けている「感想」と「議論」は、特に考えるに値するものだと見なすわけです。

さて、煩わしい規範を消すことで得られる快適さを享受する多くの現代人は、ひろゆき氏的なマインドから逃れることができません。この流れは食い止めることが困難でしょうし、それがすべて悪いとも思いません。実を言うと、私自身も年賀状をやめてしまいました。

しかし、副作用について知っておいた方がよいでしょう。

結論から言います。ひろゆき氏的な思想は、限られた強者が得をする思想です。この思想が蔓延することにより、結果として、様々なレベルでの格差が拡大することになるでしょう。

権威や規範を否定すれば、共同体からの退場を余儀なくされるか、共同体そのものが有名無実と化します。共同体の規範を守らないのですから当然です。いきおい、人々はまた新たな共同体を探し求めるわけですが、そうなると新たな場所に集う人々の同質性が高まるのは必至です。

学校・学年の枠を超え、SNS（ネット）を通じ容易に友人集団を形成してしまうZ世代が象徴するように、今やリアル／ネットの境界線は曖昧です。SNSで形成した関係性は、その曖昧なラインを簡単に飛び越えてしまい、あっという間に同質性の高い共同体がリアルの社会に姿を現すわけです。アルゴリズムの働きにより似たもの同士が接触しやすいSNSだけあって、意気投合できる同志を探すのは随分と簡単です。

だから、Z世代に象徴される現代人や現代社会は、良くも悪くも鮮明です。従来似たもの同士は集団をつくってきたわけですが、それがネット社会の進展によって、ずっと容易に形成されやすくなったからです。

　優秀な人間が集った共同体と、その反対にモラルの欠片《かけら》もない愚か者が集まった共同体のそれぞれの濃度（同質性）が更に高まれば、相乗効果もあって個々人の優秀さ／愚劣さもまた、より鮮明になるのは免れません。信じがたい優秀さを示す若者と、回転寿司チェーン店で低俗なイタズラをした若者は表裏一体の関係にあるわけです。

　本書は、「それってあなたの感想ですよね」といった言葉や思想が、規範や権威を破壊した先に待ち構える落とし穴の姿を明瞭にし、それを避けるための処方箋を提示するものです。規範を躊躇なく破壊し続けることの恐ろしさは、いくら強調しても足りないことを記していきたいと思います。

　もう一つの目的は、感想の擁護をしつつ、新しい議論のあり様を提示することです。不当なまでにその地位が低下してしまった感想は、新しい議論にとって不可欠であることを示します。

話は変わるようですが、数学は未来を予言するのが大変に得意です。現実とはまるで関係がないように思われた数学のアイデアが、年月を経ることで現実の世界に降り立つことがあるのです。かつて、数学の世界においてさえ受け入れがたかった負の数や0は、今やすっかり現実世界に根付いていますし、曲線にしか思えないものを直線だとしてしまう数学が、アインシュタインの相対性理論の発見につながったこともありました。

そんな数学は、議論のあり方について「確たる真実なんてどこにも存在しない。だから、真実という前提を共有した議論は不可能だ」と考えます。揺るぎようのない不変の事実が前提である議論（数学）が理想ですが、それは不可能であることが分かってしまったのです。

この件について、私たちは身に覚えがあるはずです。新型コロナ禍にて、事実の共有がいかに難しいのか、嫌というほど痛感したはずなのです。家族・友人・知人の間において、ワクチンをめぐるトラブルが生じてしまったという事例は決して珍しくありません。私の狭い人間関係のなかだけでも、そんな騒動は複数存在しています。もちろん、事実を全く共有できないため、議論や対話もまるで成り立ちません。

二〇二四年一月一日に生じた能登半島地震もまた、事実の共有の困難さを浮き彫りにした災厄でした。デマやフェイクニュースが金になると考えた不届き者たちが、意図的に誤情報を流したという事件は記憶に新しいところです。動画・画像・音声を加工する技術が飛躍的に高まり、しかもそれが容易に行えてしまうという現代において、何が事実であるかを把握することの困難さは明白です。

ネット上をはじめとした各地にて、各々が異なる事実を前提として議論をするため全く話がかみ合わず、分断された今が明瞭になっただけで対話が終わってしまうという光景もおなじみのことです。こうした状況は日本のみならず、アメリカをはじめとした諸外国においても「ポスト・トゥルース」という言葉とともに深刻な論調で報告されています。ポスト・トゥルースとは、人びとは信じたい事実を信じるのであり、客観性や実証性がまるで軽視されてしまうという今日的な状況を指します。ここでもまた、確たる事実を共有することの困難さが見て取れます。

それでは、こうした事実の共有を断念した数学は、どんな作戦を立てることで議論を再開させ、今日に至るまで発展を続けてきたのでしょうか。現実よりもずっと早く、ポスト・トゥルース的な境地に達していた数学が導き出した結論は、今日の私たちにとって素晴らしい予言となるに違いありません。

議論をする以上、なんらかの前提を共有した方がよさそうです。でも、その前提が確たる事実であることは決してありません。

そんななか、数学者たちが共有したものは感想でした。「この前提ならば、面白くて生産的な議論がみんなとできそうだ」「この前提は美しく、本質が凝縮されているように感じられる」といった感想を共有したのです。

これから議論をしよう、対話をしようというのに、そんな気分になれないような前提を置いてみても何も始まりません。普遍的な真実は共有しえないと確信する以上、それでも議論を始めたいという意欲や心のありよう、つまり感想が大変に大切になってくるわけです。

なお、話を進めるうえで留意すべきことがあります。それは「ひろゆき氏」と「ひろゆき氏的な思想・存在」との違いについてです。

カリスマ的存在と、その存在に影響を受けた人々の考えがまるで違ってしまうという現象は、古今東西でよく見られてきたものです。ひろゆき氏の発言が切り抜かれ、ショート動画・ネット記事として方々に拡散している現状を見るに、本人の考えがねじ曲がって伝わっていることは容易に想像がつきます。

そこで第1章では、まずは「ひろゆき氏的な思想」について記していきます。彼の著作や動画のなかで繰り返し紹介される考え・エピソードや、現代の世相を色濃く反映しているような思想をピックアップしていくことで、この現代社会に強い影響を与える「ひろゆき氏的な思想」を描いていくわけです。

ひろゆき氏自身の人気が低下したとしても、「ひろゆき氏的な思想」は蔓延し続けるでしょう。より正確に言えば、ひろゆき氏が人気を博する前から、こうした思想は現代社会において広がっていました。ひろゆき氏は、若者世代を中心として、その考えをさらに広げた存在だと言えます。

ひろゆき氏本人ではなく、「それってあなたの感想ですよね」に象徴されるような「ひろゆき氏的な思想」について考えることは、一時の流行を把握するのとはまるで違った試みになります。繰り返しになりますが、本書では「ひろゆき氏」ではなくて「ひろゆき氏的な思想・存在」がテーマであることにご留意いただければと思います。

また、本書ではいわゆるZ世代（一九九〇年代半ばから二〇一〇年代序盤に生まれたデジタルネイティブの世代）の若者について、多くの紙幅を割いて記述します。

もちろんそれは、私が彼らと日々接しているため、その生態を知る立場にあるという背景もあります。しかしそれ以上に、彼らのあり様が、そのまま現代社会の現在・未来の姿を映していると考えるためです。

今や、ネットの影響力の大きさは、誰しもが認めるものだと思います。そして、その大きな力を持つネットを、物心ついたときから使いこなしているのが彼らです。彼らについて知ることは、私たち大人や大人社会の近未来と、そこに潜む落とし穴について考えるうえで非常に有用であるはずです。

第1章　ひろゆき氏的な思想とはなにか

整形を厭わない女子高生

ある日のことです。私の目に、驚くべきニュースが飛び込んできました。「女子中高生にとって（美容）整形は身近な存在になっている」というのです。

にわかには信じられなかった私ですが、調べてみると次から次へと同じような報告が確認されてしまい閉口しました。「十数年前ならば高校生の整形も珍しかったが、今では中高生も当たり前のように整形をする」「整形に対する抵抗感が親世代でも低くなっており、なかには娘と一緒に整形をするケースさえある」「可愛くなれるならばその方がよい」等々、本当かと思うようなコメントが陸続として見つかります。

授業の合間、私は思わず女子高生たちに「整形する中高生は珍しくないみたいなニュースを見たけれど本当ですか」と尋ねてみました。

彼女たちは「うん、普通にいるよ」と即答。そして「だって、みんなやってるじゃん」と言ってのけます。驚いた私は「みんなって、クラスの人たちが大勢やってるってこと?」と再質問すると「そうじゃなくて、TikTokに沢山いるってこと。クラスにも整形してる子は普通にいるけど、そんな大勢って感じじゃない」のだそうです。

「みんな」という言葉にSNSのユーザーが含まれることに驚くとともに、どうやら報道されている内容は飛ばし記事ではなさそうだと、ようやく私も信じる気持ちになれたのでした。ちなみにですが、彼女たちが通学する高校は、不良少年少女が集うような学校ではないことを付言しておきます。

この整形に関する話は、実に「ひろゆき氏的」だと思います。それで得をするならば、「親からもらった身体を安易に傷つけるべきではない」といった古臭い規範など気にする必要はないという発想です。

もちろん、こうした規範を軽視する風潮は、今にはじまったことではありません。ただし、その傾向が強まってしまう(ネット)環境が整ったことも確かでしょう。この件については、後ほど説明したいと思います。

さて、得られるメリットが確かであれば、規範など捨ててしまおうという思想は、ひろゆき氏による次のエピソードが大変よく象徴しています。この根底には、結婚や離婚でさえも書類上の関係に過ぎないとする徹底した思考があります。


幸いなことに桐ヶ丘団地には、生活保護の大人がすごく多かった。

子ども部屋おじさんも、ニートも、うつ病の人も、僕のまわりにはずっといた。

だから、大人が働いていない状況を、僕は当たり前に感じられる。

離婚もそうだ。

当時、よく遊んでいた友達がいた。

その家には、お父さんとお母さんがいた。けれど、離婚をしていた。

団地に住んでいると、共働きで収入が増えると、それに応じて家賃が高くなってしまう。

それを避けるため、離婚届を出し、母子家庭や父子家庭になることで家賃が上がらないようにしていた。

家賃を安くするために離婚をするのが、団地内では普通だった。

だから、どこの家庭が離婚していたって、みんな驚きもしなかった。子どもも心にみんなわかっていた。

戦略的に離婚をしている人たちがまわりにたくさんいたのだから、書類上の夫婦関係なんて生き延びていく上では、「しょせん紙切れなんだ」と思う。

（ひろゆき『1％の努力』ダイヤモンド社、二〇二〇年）

ここに、道徳論の類は存在しません。規範などというものは論理なきまやかしと化しています。

しかしながら、この引用文にはちょっと違った事情も見えてきます。

家賃を安くするためならば離婚をする。つまり、経済的に苦しいのであれば、規範がどうのこうのなんて言っていられないという切実なリアリズムが見て取れます。どうやら、規範を壊すのが容易になったという視点だけではなくて、その規範を守るのが難しくなったので壊さざるを得ないという見方もできそうです。

存在の耐えられない軽さ

規範を守るべきだという話は分かる。でも、守ることが難しくて苦吟する。だから、時として規範は人間の重荷になってしまう——。そんな重苦しさと、そこから解放される喜びを考えるうえで、ミラン・クンデラの小説『存在の耐えられない軽さ』（集英社文庫）は示唆的です。

同書には、「軽さと重さでは、どちらが肯定的なのであろうか？」という印象的なフレーズが登場します。

もっとも重い荷物というものはすなわち、同時にもっとも充実した人生の姿なのである。重荷が重ければ重いほど、われわれの人生は地面に近くなり、いっそう現実的なものとなり、より真実味を帯びてくる。

それに反して重荷がまったく欠けていると、人間は空気より軽くなり、空中に舞い上がり、地面や、地上の存在から遠ざかり、半ば現実感を失い、その動きは自由であると同様に無意味になる。

そこでわれわれは何を選ぶべきであろうか？　重さか、あるいは、軽さか？

この問題を提出したのは西暦前六世紀のパルメニデースである。彼は全世界が二つの極に二分されていると見た。光――闇、細かさ――粗さ、暖かさ――寒さ、存在――非存在。この対立の一方の極はパルメニデースにとって肯定的なものであり（光、細かさ、暖かさ、存在）、一方は否定的なものである。このように肯定と否定の極へ分けることはわれわれには子供っぽいくらい容易にみえる。ただ一つの場合を除いて。軽さと重さでは、どちらが肯定的なのであろうか？

（ミラン・クンデラ『存在の耐えられない軽さ』千野栄一訳、集英社文庫、一九九八年）

この軽さと重さを、私は規範の量と強さによって理解しました。

人間はかくあるべしという規範が多ければ、その規範に従って迷うことなく生きることができます。守ることが絶対視される強い規範であれば、なおのことそうでしょう。人々と規範を共有できれば共同生活を営むことができ連帯も生まれ、日々は安定しそうでもあります。何よりも価値基準がありますので、どこへ目掛けて生きていけばよいのかが明瞭です。「もっとも重い荷物というものはすなわち、同時にもっとも充実した人生の姿なのである」とあるように、人に多くの「～べき」が背負わされ、その重さに耐えることができれば、苦難に満ちつつも使命感・責務・やりがいを得られ、充実した人生を歩めそうです。

一方、そんな規範が沢山ある生活は、いかにも重い。規範にがんじがらめにされてしまっては身動きが取れず、息苦しい生活を強いられることになりかねません。そして何よりも、その規範を守ることができないとすれば、それは十字架となって人々に圧《の》し掛かります。

だから、重いからといって是だとは言えません。規範が少ない軽い人生もまた、それはそれで多くのメリットを見出せます。伝統・文化・慣習のすべてが尊重すべき規範であるとは全く限らないことも併せて考えれば、たしかに「軽さと重さでは、どちらが肯定的なのであろうか？」という問いは考慮に値するものに思えます。

昨今、そんな規範の重さは増大する一方のようです。

一億総中流の名の通り、中流階級が有していた規範は、かつては多くの人が然るべき努力をすれば遵守できたはずですが、それも今は昔。一億総中流がすっかり死語となり、中流に留まるのが難しいご時世です。「一定以上の年齢になったら所帯を持つべき」「正社員として働くべき」といった、かつては当たり前だった規範を守るのが年々難しくなっています。遵守が困難な規範（重さ）に耐えられない人々が増加することで、ひろゆき氏的な思想のような、人々の重さを取り払ってくれる考えが歓迎されるようになるのは必定と言えます。

そんな一億総中流の時代が終わると、失われた三十年が到来します。随分と手あかのついた言葉であるものの、それを目にする世代によって意味するところは随分と変わってくるはずです。

たとえば、三十歳未満の人々からすれば「失われた」ではなくて、「そもそもなかった」と表記するのが正しいでしょう。そして、その三十年の間、経済成長は停滞を続けるばかりか、先が見えない暗いトンネルのなかに日本社会があるという実感があるわけなので、生まれてこのかた彼らは、成長し豊かになっていくという日本社会を展望できずにいたはずです。三十九歳の私もまた、物心ついたときから不景気だったので、率直に言うとピンとこない言葉です。

だから、社会の一員として日々を過ごしさえすれば、自ずと豊かになるという世界観を持ちえません。多くの人々に実現可能な、標準程度の努力さえすれば社会の一員として生活ができ、そしてその社会が発展することで自分も豊かになるという構図が、一定の年齢層には理解困難なのです。

努力神話の欺瞞

守ることの困難さが明白なのに、それでも規範であり続けるのであれば、そこには欺瞞が生じます。遺伝的資質に関する科学的な知見が世に広がり、努力にまつわる規範に胡散臭さが漂ったためか、親ガチャという言葉も流行しました。

たとえば「若い時の苦労は買ってでもせよ」という規範です。若いころに苦労をして自らを鍛えておけば、その後の苦難にも立ち向かうことができそうなので、たしかに守るべき規範のように思えます。

しかし、何事にも例外はあります。受験勉強に全く適性のない生徒がこの規範を頑なに守り、勉強という名の苦行を続けたものの成果が出ず、重度の学歴コンプレックスを抱えたニートが生まれた、という事例はその一つです。そしてそんな声は、容易にネット上で確認することもできます。

その一方、恵まれた資質・環境を駆使し、まるで苦労知らずに成功の道を突き進む人々もまた、SNS上で過剰に可視化されています。規範からはみ出る両極端な例外が目に付いてしまう今、規範がもたらす欺瞞もまた過剰に感じられるようになったのです。

たとえば、元東大生タレントの河野玄斗氏は、高校生たちに明々白々な格差を見せつける存在の一人です。在学中に医師国家試験、司法試験、卒業後に公認会計士試験に合格するという圧倒的な実績を有するうえに、センター試験の数学を八分程度で全問正答してしまうわけですから、高校生が絶望的な格差を感じてしまっても仕方がありません。超人的な彼の様子はＳＮＳや動画サイトを通じ拡散されており、今や多くの受験生によって知られています。

こうした状況のなか、かつてのように「若い時の苦労は買ってでもせよ」といった規範を示したとしても、あまり説得力がないどころか嘘くささえあります。欺瞞を振りまく親や先生という名の権威もまた胡散臭くなる一方、権威とは無縁の YouTuber による本音の語りに信頼を置く人々が増えるのも無理はありません。この歴然と存在する格差に対し、見て見ぬふりをする権威への反感と不信があるわけです。

『存在の耐えられない軽さ』にもまた、例外を塗りつぶし、あたかも存在しないかのように振る舞うことを俗悪だとして唾棄するサビナという女性が登場します。

同作は、プラハの春が起きた前後のチェコスロバキアが主な舞台です。虚偽にまみれた共産主義に塗り固められた日々、つまり虚構の規範を嫌悪するサビナが登場する一方、多くの愛人と性的関係を平然と結んでみせ、それこそ婚姻関係とは、紙切れ上の関係でしかないかのように奔放に過ごす男性もいます。そして男性の恋人は男の軽さに苦悶し、「軽さを学びたい」と言い放つように、登場人物たちはそれぞれの軽さと重さを持っていて、それらが微妙に食い違いながら物語は進むわけです。

虚偽にまみれた共産主義と記しましたが、これは共産主義だから虚偽にまみれているという話ではありません。ある規範が支配的になれば、何であれ嘘をつくことになるという意味です。先述した「若い時の苦労は買ってでもせよ」という規範がもたらす例外をなきものとして扱えば、その瞬間に虚偽が生まれるのと同じことです。

私が抱いた感想は、サビナは重さに耐えることのできない女性だというものです。例外を塗りつぶす共産主義政権下で日々を過ごした彼女は、「～べき」という規範が多かれ少なかれもたらす嘘に敏感になってしまったのです。エビを食べすぎて甲殻類アレルギーになるかのごとく、彼女は嘘だけではなくて、規範そのものに嫌悪感を抱くようになったのでしょう。規範の重さを拒否し、ひたすら軽さを求めるように生きます。実際、先述した性的に奔放な男性の愛人の一人は彼女であり、しかも男性の恋人とも平然と交流してみせます。

亡命先のアメリカでも、サビナは重さに対する嫌悪感から逃れることができません。

（略）上院議員が人工のスケート場のあるスタジアムに車を止めると、子供たちは降りて、建物をとりまく広大な芝生の上を駆けていった。上院議員はハンドルを持って座ったまま夢見るようにその四人の駆けていく姿を眺め、それからサビナのほうに向いて「あれを見て下さい」と、いった。手で円を描いたが、その円はスタジアム、芝生、それに、子供を包みこんでいた。「こういうのを幸福っていうのです」

この言葉の裏には、子供が走り、草が繁ることへの喜びだけではなしに、共産主義の国から来た女に対する理解の表明もあった。共産主義国では上院議員が確信しているところでは、草も生えず、子供が駆けまわることもないのである。

ちょうどこの瞬間、プラハの広場の壇上に立つ上院議員のイメージがサビナの頭にひらめいた。議員が顔に浮かべていたのは、共産主義の高官が壇上の高みから同じように下を行進中の微笑む市民に向けるのとまったく同じ微笑みであった。

（同右）

西側諸国のイデオロギーでは、共産主義国では「草も生えず、子供が駆けまわることもない」はずですが、もちろんそれは非現実的な絵空事であることをサビナは知っています。イデオロギーとは、複雑な世界を単純化する価値基準のことです。必然的にイデオロギーの数だけ、世界は様々な姿を現します。

サビナはまた、自国が理想郷であるかのように振る舞う共産主義の高官が、アメリカの上院議員と同じように、イデオロギーから外れる現実を塗りつぶしていることを知っています。両者のイデオロギーから生じる、共産主義国は理想郷である／地獄であるという考えは実証的な論とは程遠いものであり、むしろそれは、イデオロギーを縁《よすが》とした「〜べき」の次元から生まれたものです。

サビナのこの姿に、私は福島県の子どもを見ます。

某国立大の推薦入試を受ける生徒と面談をしていたときのことです。私が「この手の志願書に震災関連の話を書く人は多いだろうけどなあ」と何の気なしに口にしたところ、「それは絶対に嫌です。何度も綺麗ごとを言わされ続けてきたので、もう絶対に言いたくないです」と強い口調で返答されてしまいました。

私には、彼の言い分がよく理解できました。震災当時、彼は小学校の低学年です。いわば、物心ついたときから今の今まで、幾度となく大人の求めに応じ綺麗ごとを語ってきた世代です。表では美辞麗句を述べつつも、裏では全く別の姿を見せる大人たちを随分と目の当たりにしたに違いありませんし、それと同じようなことは彼自身にも当てはまるのでしょう。彼は、大人の求めという名の「〜べき」に忠実に従い続けましたが、それが覆い隠す嘘との間に生じる溝の深さに耐えられなかったのです。

「もう一回、地震が起きてほしい」という不謹慎な胸の内を語った中学生を、私は何人か知っています。退屈な日々を壊してくれるトラブルがあると、何だか楽しいと屈託のない笑顔で話すのです。

「まあ、こうして補償金も貰えたので、みんなで気晴らしに旅行なんか行ってますよ」と穏やかに話す人々や、「復興を応援したいという問い合わせが多すぎて迷惑している」と語っていた学校関係者もいました。

ここで示したほんの一部の具体例は、「可哀そうな被災者を応援するべき」という規範の下では、すべて塗りつぶされてしまう例外です。そして、塗りつぶし続けたが故に、サビナと同じような重さに対しアレルギー反応を持った子供を育ててしまったとすれば、それは大人の責任に他なりません。

本音と不謹慎に潜むリスク

「表では美辞麗句を述べつつも、裏では全く別の姿を見せる大人たちを随分と目の当たりにしたに違いありません」と先述しました。そしてそんな「美辞麗句とは無縁の別の姿」は、ネット空間では嫌というほど見ることができます。いや、見られるだけでなく、ネット上で直接・間接的に大人が子供に対し見せつけさえします。

果たして、ネット空間にある無数の書き込みを見て、これは子供によるものに違いないと確信できるものがどれほどあるでしょうか。ネット上の相手の年齢なんて推測がつきませんし、そもそも考えることさえしないのが常です。結果として私たち大人は、ネットの外では口が裂けても子供に発しない言葉を、知らず知らずのうちに直接・間接的に投げかけていることになります。

SNS上でアイドルの推し活をする中学一年生の生徒は、推し活専用のアカウント（副アカ）を作ったうえで、自分が中学生であることを隠したままユーザーたちと交流をしているのだそうです。必然的に、中学生にして大人たちと日常的にネット上で交流（推し活）をしていることになります。

こうした趣味嗜好を強く反映した活動は、現実世界の友人・知人には決して知られることのない副アカウントでなされることが大概です。この生徒に限らず、よほど慎重に精査でもしない限り、そのアカウントの持ち主が子供かどうかを見分けるのは難しいということです。ＳＮＳ上で実際に交流している大人もまた、相手が十三歳の子供だとは夢にも思わないでしょうから、子供相手には決して話すことのないスキャンダラスな醜聞や、それに対する本音が交わされてしまうのは想像に難くありません。こうした事態は、ＳＮＳがこれほどまで広く浸透していなかった時代には考えにくいことであり、極めて今日的な現象だと言えます。

さて、こうなると子供たちは、現実の生活では規範や道徳という名の美辞麗句を大人から聞かされる一方、ネットの中ではむき出しの本音に接するという、まるで相反する言葉を浴びせられることになります。こんな状況では、ネットの外の現実世界で発せられる規範が信用に値しない綺麗ごとに思えてしまっても致し方がありません。ネット内外における、まるで異なる「規範／本音」を生み出したのは大人に他ならないものの、この図式を大人は自覚しておらず、現実世界では従来通りに規範を子供たちに提示し続けてしまうとは皮肉な話でもあります。

むき出しになるのは本音だけではありません。いわゆるエロ・グロ・ナンセンスや不謹慎なネタの数々もまた、あっという間に駆け巡ります。

たとえば、某人気漫画の二次創作です。大人になった登場人物たちが薬物中毒者となってしまい、破滅への道を突き進むという不謹慎極まりないもので、ネット上で一時期流行したのだそうです。

職業柄、今の子供たちについて知るために、若者たちが頻繁に使用するＳＮＳを定期的にチェックするようにしています。が、この二次創作や整形をする中高生が登場するショートムービーは、まるで見た記憶がありません（もちろん、意図的に検索をすれば流行している様子を確認できますが）。アルゴリズムの働きによるものだと理屈では分かっていても、こうも見える世界に違いがあるのかと愕然とします。試しに今、TikTokを開いてみたところ『フルタの方程式【古田敦也　公式チャンネル】』の切り抜き動画が表示されましたが、この動画を先述した「整形する中高生はTikTokにたくさんいる」と言っていた女子高生が目にすることは、ほぼ確実にないでしょう。

副アカウントの存在もあり、その姿を捕捉するのは難しい。そのうえ、彼らと大人たちとでは、そもそもネット空間で見えている世界が相当違っている。でも、推し活がそうであるように、大人と子供が交じり合う空間は確実に存在している。大人・子供・ネット空間をめぐる関係性は入り組んでいて見通しが悪い一方、その影響力は無視できないレベルにあるという厄介な状況が見えてきます。

全人的教育はもう無理

規範と本音をめぐる溝を考えていくと、もはや限界に達した昔の学校像に到達します。日本における理想的な学校像は、閉ざされた学校です。「地域に開かれた学校」という標語を一時期よく目にしましたが、根本的に日本の学校は、閉じていなければ教育目標を達成できない構図になっています。なぜならば、日本の教育では「全人的教育」が標榜されているからです。

読んで字のごとく、全人的教育とは生徒のあらゆる側面の伸長を目指す教育のことです。学力、身体、精神はもちろんのこと、私生活のあり様に至るまで、何かにつけて何にでも指導をします。この全人的教育は諸外国から高く評価され、令和の今もなお、日本の教育が掲げるべき目標として引き継がれています。大人世代にとって、こうした教育のあり様は身に覚えがあるはずです。

しかし、先生の立場からすれば、これは相当なハードワークになることは必至です。全人的に教育をするとなれば、仕事の領域は天井知らずというか、ほぼ無制限だと言っても過言ではないでしょう。

ただし、以前であれば、この大仕事は今よりも随分と楽であったことは確かです。それというのも、学校が閉ざされた共同体であったからです。

共同体には、その内部でしか通用しない規範があり、そこでは有無を言わさず従うことが要求されます。先生は十分な権威を有し、その指導や校則がいかに外部では通用しない内容であったとしても、保護者をはじめとした外部の人々は口出しをしません。外の規範に照らし合わせれば多少の理不尽さが含まれていようとも、「指導・規則だから」の一言でおしまいです。一つ一つの指導に生じる労力が最小化されるわけなので、これならばハードワークにもなんとか立ち向かえそうでもあります。

この閉ざされた共同体＝学校が成立した空間では、規範を守らせることが容易であり、綺麗ごとも通じます。そしてそんな学校のあり様が、今まで高く評価されてきたという成功体験もあります。もっと遡れば、曲がりなりにも急速な近代化を果たせた要因は、この閉ざされた学校にあると考えることもできるでしょう。

ところが、学校文化のレベルにまで染み付いた成功体験は、自身を拘束する鎖と化してしまったようです。生徒たちが多様な情報に接することができるようになるにつれ、学校という情報空間は否応なしに開いていきましたが、それでもなお、閉じた学校モデルからの脱却ができないでいるのです。学校を統治する手段は権威や規範以外にも存在するはずが、どうしても他の手段を講ずることができないでいるわけです。

テレビ・漫画・雑誌といった外部の情報が持つ影響力の高まりと反比例するように、学校や先生が有する規範・権威が持つ力は低下していき、様々なレベルでの「荒れ」が指摘されるようになっていきました。とりわけ、主に二〇〇〇年代に入ってから指摘された「静かな荒れ」では、ツッパリのようなそれと分かる不良ではなくて、一見すると真面目に見える生徒たちが先生の指示に従わないという新しい現象が見られ問題視されました。

この静かな荒れに対する解決策の一つは「出席停止制度の適切な運用」でした。大雑把に言えば、他の生徒の教育機会を棄損するような大いに問題のある生徒に対しては、合法的に出席停止を命じられる制度があるので、ちゃんと活用しましょうということです。以前から同制度は存在していましたが、ほぼ活用されることがなかったため、出席停止の要件を明確化する等により活用を促したわけです。

ところが、そう簡単に学校は変わりませんでした。現在においてもなお、この制度はほとんど活用されていないのです。

毎年のように、迷惑千万だからさっさと出席停止にすべきだと思えるような、素行の悪い生徒の話が漏れ伝わってきますが、出席停止にしたという話はついぞ聞いたことがありません。それもそのはず、文科省による『令和3年度　児童生徒の問題行動・不登校等生徒指導上の諸課題に関する調査結果について（通知）』が、「今回の調査結果によると、小学校及び中学校における出席停止の件数は4件であり、この5年間は1桁の数値となっている」と報告しているように、この制度は適切に活用されていないどころか、すっかり形骸化したままなのです。権威や規範による統治が難しくなったため、出席停止制度をはじめとした合理的なルールに代替していこうという姿勢は、残念ながら全く根付いていないと言わざるを得ません。

素行不良の生徒にも学習権があり、それ故に出席停止の判断は慎重にせざるを得ないのは分かります。しかしながら、いじめ問題や学級崩壊が象徴するように、多くの真面目な生徒の学習権が侵害されている現状が放置されている一方、素行の悪い生徒の学習権を優先するのは理屈に合いません。これは学習権をめぐる問題というよりも、未だに権威・規範による統治という旧来的なモデルから脱却ができない、学校の体質・文化の問題であると考えた方が上手く説明がつきます。

「開かれた学校」の末路

ここで、話を整理します。

もし、規範によって学校を統治したいのであれば、一定レベルを満たすべき条件が少なくとも二つあります。

一つ目が、学校が閉ざされていることです。学校内部で示される規範に疑いの余地が生まれるような情報は、極力シャットアウトされていることが望ましい。

二つ目が、学校や先生が権威を有することです。これは情報の遮断とも密接にかかわっていますが、何らかの影響により権威が低下してしまっては、たとえ学校内部で示される規範が生徒にとって唯一のものだとしても、そこに有効性は生じません。

テレビ・漫画・雑誌といった情報メディアが力を持つようになったうえに、そもそも社会が権威や規範を軽んじはじめたことで、この二つの条件はどんどんと崩れていきました。そんな時代の変化と、従来通り規範による統治を理想とする学校との間の溝が拡大していったのです。出席停止制度のような合理的なルールが採用されない現状を見るに、この理想を捨てられる日は当分の間、訪れることはなさそうです。

この溝は、ネット社会の進展により急速に広がっています。なにせ、今や小中学校の生徒一人ひとりに一台ずつタブレット端末を配布したうえに、原則として制限なき自由な使用を文科省が推奨する時代です。中学校卒業まで、スマホやタブレット端末の利用を制限したいと考える親御さんも多数いらっしゃいますが、その教育方針を貫徹するのはもはや難しく、小中学生の誰もが気軽にいつでもネットにアクセスできる時代が到来しました。

一方、タブレット端末にアクセス制限をかける等、適切な管理をすればよいという意見もあると思います。実際、学校側も適切な規制をかけようとはしています。が、生徒の方が一枚も二枚も上手であり、この手の規制は容易に突破されてしまいます。授業中、タブレットでSNS・ゲーム・動画サイトで遊び倒したいと思う生徒たちの情熱は凄まじく、新しく規制がなされてもたちまち突破されてしまうのです。

ただでさえ、デジタルネイティブでタブレット端末の利用に長けている大勢の生徒たちに対し、そうではない一人の先生が立ち向かうのは多勢に無勢というものです。もっとも、もはや対処しきれないと判断した学校のなかには、文科省の方針に従わずタブレットを戸棚にいれて施錠する等により、使用できる時間を厳重に管理しているケースが見られることも付け加えておきます（それさえも強行突破するクラスを幾つか確認できますが……）。

事ここに至っては、もはや閉ざされた情報空間など望むべくもありません。学校で示される規範とはまるで違う、むき出しの本音からエロ・グロ・ナンセンスまで、あらゆる情報が無制限に流れ込むのです。大人の本音を浴び続けた子供たちが、それとはまるで異なる学校の規範を綺麗ごととみなし、そして信頼しなくなるのも仕方がないでしょう。

こうした状況において力を持つのは、そんな規範は嘘っぱちだと断言する思想に他なりません。規範は取るに足らない感想に過ぎないから、そんな世迷いごとは捨て去ってしまい、合理的に生きることを推奨する思想のことです。ひろゆき氏的な思想の流行は、なにも降って湧いた話ではなくて、世相という名の土壌によるものです。

本節の最後に、Z世代について補足しておきます。

エロ・グロ・ナンセンスの類を、父や兄が所有する雑誌から盗み見して同級生に披露するなんて話が、いつの時代でも普遍的に見られるように、大人世代とZ世代は多くの特徴を共有しているはずです。まるでZ世代を、大人世代とは決定的に異なる新人類のように扱う論には賛同できません。

そんななか、私がZ世代について日々感じていることは「濃度」であり「鮮明さ」です。従来の特徴が色濃くなっているということです。

たとえば、大人世代が小中学生のときに持っていた、ちょっと背伸びして知らない大人の世界を覗きたいという欲求そのものは、世代を問わず不変である、またはそう簡単には変異しないはずです。ここまで記述してきた内容にしても、一つや二つ身に覚えのある方は多いと思います。

つまり、決定的に違うのは欲求のような性向ではなくて、それを叶えるツールにあると考えます。そして、そんな便利すぎるネットという名のツールを、今や小中学校自身が生徒たちに提供してしまう時代です。かつてより遥かに容易かつ高レベルに欲求が叶えられることで、その先に表出する性質もまた、かつてより鮮明に表れるのは避けられません。

格差を認める思想

権威から発せられる規範・格言・金言の類には説得力がない。綺麗ごとは建て前であって信用がならない。そして、親ガチャという言葉が象徴するような歴然とした格差を認めるため、努力という言葉の価値は低下していく――ここに、コスパ・タイパに代表されるような合理性の力が強まる契機があります。

この本では、あなたに「サボる才能」があるかを試し、
それを磨いていくための「7つの話」をしようと思う。
目的は1つ。
死ぬまでの「幸せの総量」を増やすためだ。
天才は「1%のひらめき」をして、
凡人は「99%の努力」をする。
そのあいだを取り持つ僕は、「1%の努力」で最大の成果を得てきた。
就職氷河期で就職もせず、インターネットにどっぷりの生活。

「2ちゃんねる」は、他のサービスのいいところをマネた。
「ニコニコ動画」は、ドワンゴの社員のアイデアに乗っかった。
努力しない努力を極めて、
いま、僕はフランスのパリで余生みたいな生活を送る。
これまで何度となくレールを外れてきた僕の
「生き方・考え方」についてもたくさん語ろうと思う。
必要だったのは、お金や時間ではない。「思考」だった。
工夫を取り入れ、「やり方」を変えられること、
ヒマを追求し、「何か」をやりたくなること。
つまり、自分の頭で考えるということが大事だった。
だから、スケジュールを埋めるな。「余白」を作れ。
両手をふさぐな、「片手」を空けよ。
「頑張ればなんとかなる」と思っている人は、甘い。
努力でなんとかしようとする人は、「やり方」を変えない。
では、どうやって「やり方」を変えるのか？

（前掲『1％の努力』）

本書はZ世代の部下を持つ管理職に向けた指南書ではありませんが、この引用文は彼らを理解するためのヒントになっていると思います。彼らが求めるものは規範や道徳よりも合理性です。99％の努力を説く精神論ではなく、1％の努力で最大の成果を得られるような効率性と剝き出しの本音なのです。

旧来の規範は、埋めることの困難な資質や環境の差に対し、有効な策を提示しません。それどころか、そんなものは些細なものだと見なしたり、努力次第で乗り越えられると考えたりしがちです。

一方、ひろゆき氏的な思想は、その格差をはっきりと認めます。そしてそのうえで、真正面からではなく、コスパのよい合理的な方法という名の処方箋を提示します。今日において、前者よりも後者に説得力が生まれるのも無理はありません。

「自分を信じず、努力もしない」受験指導法

私自身、ひろゆき氏的な思想の強さを実感する毎日です。いや、「実感せざるを得な

い」と表現した方が正しいかもしれません。

受験勉強には、残酷なまでの適性があります。誰でも頑張れば成績が上がるという考えは無責任な世迷いごとであるばかりか、著しく適性のない生徒に対する呪詛でさえあります。頑張ってもほとんど成績が上がらなかったとすれば、「誰でも」から外れた生徒が抱く劣等感は計り知れません。

そんな彼らに対し、頭ごなしに似たような「〜べき」を熱っぽく訴えても、その効果を期待するのは無理な話です。適性があり、努力するほどに環境は変わるという実感がある生徒と、それが全くない生徒とでは、努力の意味はまるで違うからです。

受験勉強に全く適性のない中学生が定員割れした高校を目指すのであれば、私は英語の勉強を禁じます。一般的に記号問題が最も多い試験なので、適当に選んでもそれなりの点数になるからです。その反対に、ほぼ記号問題のない数学は、最も基本的かつ出題されやすい部分に範囲を絞り、じっくり時間をかけて勉強をしてもらいます。一発不合格になりかねないゼロ点を回避しつつ、最低限の点数を取ることが目的です。

定員割れした学校の入試は、よりよい点数を競う選抜試験ではなくて、最低限の学力を示せれば合格できる資格試験と見なせます。学校の授業についてこられるだけの最低限の学力を示せればよいわけです。換言すれば、数学で限りなくゼロ点に近い点を取ると、その最低限の学力がないと見なされかねず危険です。だから、ゼロ点を取らないための戦術が必要になってきます。

こうした作戦は、一般的に入るのが難しいと見なされる国立大学を目指す生徒であっても同様です。

倍率がおおよそ二倍未満で、しかも筆記試験が高校二年までの数学と物理基礎だけであり、あとは志願理由書と簡単な面接等で選考が終わるという、嘘のような国立大学の推薦入試を複数確認できます（場合によっては、倍率が一倍を切ることさえあります）。しかも、一年間に二回受験することも可能で、大学入学共通テストを加味した推薦入試（たとえば某大学の推薦入試は、共通テストの数学ⅠAⅡB・英語・物理・化学で受験可）も含めれば、国立大の推薦入試だけで三回も受験できます。一般入試では逆立ちしても合格できない生徒でも、この二回か三回の入試だけに絞り、三年生の初め頃からじっくり時間をかけて対策を練れば十分に合格可能です。受験の世界において、自らが非強者故にリソースが限られていることを自覚できるのであれば、非強者でも勝負ができます。

さらに適性のない生徒であれば、戦略的に商業・工業・農業高校に入ってしまうという手があります。こうした学校の生徒だけを対象とした、国立大学の推薦入試が存在しているので、そこで勝負するという作戦です。受験勉強に適性のある強者がほぼいないなかでの競争なので、これならば十二分に勝ち目があります。

たとえば、一般的に中堅国立大と見なされる某大学にも、工業高校の生徒だけを対象とした試験があります。

筆記試験はあるものの、二年生までの数学の基礎的な問題集を頭に詰め込んだ、英検準二級程度の学力を有した生徒であれば十分に対応できます。塾の生徒に至っては、高校入試よりも楽だったという迷言を残し、楽々と合格してしまいました。中学生当時の彼は平均的な学力しか有しておらず、地域三番手グループの公立進学校でも合格圏外でしたが、戦略的に工業高校に進学することで中堅国立大学に合格してしまったことになります。三番手グループどころか、一番手グループの地方公立高校の平均的な生徒でも合格は容易ではないはずなのに、彼にとっては「高校入試よりも楽だった」とくれば、いかにもひろゆき氏が推奨しそうな作戦でもあります。

要するに、こういうことです。私は知らず知らずのうちに生徒たちに対して、ひろゆき氏と同様のアドバイスをしていたのです。金八先生が口にしそうな、熱っぽいアドバイスが生徒の胸を打ちにくい一方、努力をしても勝ち目がないならば非強者なりの戦略で勝負しようという、まさにひろゆき氏的な助言が効果的であることを実感してしまっているのです。

誤解なきよう付け加えると、とりわけ一定の資質に恵まれた生徒であれば、金八先生的なアプローチは今なお効力を失っていません。努力によって道がひらけることを実感できる彼らは、こちらが熱心に語り掛ければ、それに比例するようにきちんと応えてくれます。

入試改革に見る新自由主義経済

この受験指導に関する具体例から、コスパが重要視されるもう一つの理由が見えてきます。キーワードは複雑さです。

各大学が用意する入試方式は、年々複雑化する一方です。しかも、ちょっと目を離したすきにコロッと形式が変わることも日常茶飯事であり、とてもではありませんが全容を把握するなんて無理な話です。国立大学にしても、一般入試の前期／後期・学校推薦型選抜の共通テストあり／なし・総合型選抜の共通テストあり／なし・専門高校専用枠・帰国生徒／国際バカロレア入試などあり、しかもそれぞれの方式において入試科目が異なります。なかには、入試を準備する大学側のマンパワーが不足しているためか、国立大学でさえ、こんなザル入試でよいのかと首をかしげてしまうような穴場もあります。

国立大学だけで、こんな状況です。ここに、入試方式が更に複雑な私立大学を含めた数多《あまた》の大学が加わるので、もはやてんてこ舞いです。今や、入学に至るまでのルートは無数にあるため、自身の適性・将来の目標・経済力といった状況に応じた戦術を練る重要性が必然的に高まっています。

学校が示す規範の低下もまた、戦術の重要性を高めている一因です。仮に規範に手足を拘束されていれば、先生（規範）の指示に導かれるがままに勉強をし、そして受験校を選べばよかったのでしょうが、一部の学校を除き、もはやそうはいきません。規範から解き放たれ自由になった生徒の前に、複雑怪奇な入試という攻略対象が姿を現せば、否が応でもコスパという名の合理性を構築する必要に迫られるわけです。または、その合理性を与えてくれる誰か（権威）を、自分の判断で見つけなくてはなりません。

こうなると、更なる格差の拡大は免れません。その適切な選択ができるだけの能力や経済力に恵まれた者と、そうではない者との間では、構築される合理性のレベルがまるで違ってくるからです。

無論、こうした現象は入試と受験生の間に限った話ではなく、あらゆる場面において姿を現します。規範にとらわれない自由が与えられるなか、社会や制度（≒入試）が複雑になっていけば、その自由を有効活用できる能力・環境を有しているか否かが、なお一層のこと重要になってしまいます。

ここで思い出されるのが、新自由主義経済とそれがもたらす副作用についてです。

新自由主義経済に対する是非は人それぞれだと思いますし、それは本書のテーマ外の話なので評価は脇に置いておきます。ただ、この経済のあり様が経済格差をもたらすこと、少なくともそのトリガーになりうることについて、然《さ》したる異論はないと思います。様々な規制を緩和し、自由に競争ができる環境を整えた結果、富める者（強者）はより豊かになり、そうではない者はより貧しくなりがちだということは、経済が停滞するこの日本において多くの人々が実感してきたことでもあります。

強者からすれば、自由になることで卓抜した能力を制限なく発揮できるため、彼らが水を得た魚になるのは必然です。複雑な現代社会において合理的な策を練り、そして努力を重ねていった強者たちが、更に多くの富を蓄積するのは当然の帰結です。封建制度・カースト制・世襲制のような極端な環境下であれば「自由の獲得＝格差の是正」という逆の公式が成立しそうですが、現代の日本においては、それが特殊な環境下に限れることは論を俟《ま》ちません。

今起きていることは、この一連の流れと類似しています。制度と規範の違いはあれども、双方ともに緩和・撤廃により自由な環境が創出されるという点において同型なのです。「〜べき」という規範をなくし、人々が自由と軽さを獲得した先には、強者がより強くなるという顚末が見えてきます。なお、この件については第２章にて改めて記述します。

「それってあなたの感想ですよね」の落とし穴

ここで、ちょっと言いにくいことも記しておきます。

本書冒頭で登場した生徒に関する話です。ひろゆき氏に感化され「それってあなたの感想ですよね」といった言葉を誰彼構わず投げかけていた彼は、私が真剣に叱った後、同種の言葉を一切口にしなくなり、真面目に勉強をするようになりました。

ただ、私が叱っている最中、ちょっと気になることを彼は口走っていました。「先生に対し、ひろゆきの口真似をすればするほど、通知表の成績は下がることになる。何の得にもならないことをしてどうするんだ」といった旨を話したところ、彼は「どうせ勉強できないし……」と、伏し目がちに口にしたのです。それまで喜々として口答えしていたのが嘘のように、その表情が曇ったのは明らかでした。

叱りすぎたのかもしれませんし、私の考えすぎなのかもしれません。しかし、その表情の落差に、なにか鬱屈したルサンチマンのようなものを感じずにはおれませんでした。

考えてみれば、彼のような勉強が苦手な生徒が、ひろゆき氏に感化されたのも自然な流れなのかもしれません。日ごろ、先生から発せられる「〜べき」や「〜しなさい」という規範を守るのが難しい生徒からすれば、そこから生まれる敵愾心により、先生にマウントを取ってやろうという気持ちになるのも分かるような気がします。勉強に適性のない生徒にとって学校の授業はあまりにも難しく、そしてそれ故に、持つ必要のない劣等感を抱かせてしまう仕組みが、学校や学習塾には内在しています。

でも、そんな劣等感を与えていた権威（先生）に復讐するため、「それってあなたの感想ですよね」のような言葉や思想でマウントを取り返し権威や規範を否定しても、それはすべて自分に跳ね返ってきます。繰り返しになりますが、この思想は一部の強者が得をするものであり、おいそれと活用するものではないことを強調しておきたいと思います。

ニーチェが予言したひろゆき氏の存在

序章で、数学は未来を予言するのが得意だと先述しましたが、ここでもう一人の予言者であるニーチェを紹介したいと思います。

「神は死んだ」という有名な言葉でも知られる哲学者・ニーチェの文章は、とても分かりにくい。論理的とも明晰とも言い難いうえに、大げさな表現やアフォリズムの類が頻出するため、多種多様な解釈ができてしまいます。現に、ニーチェに関する書籍を乱読してみると、実に様々な読解を有識者たちが試みており、見解がまとまることはなさそうです。今後もまた、百花繚乱のニーチェ論が咲き誇るものと推察されます。

本書におけるニーチェに関する記述もまた、一つの解釈にすぎません。それも、ニーチェ哲学の解釈が目的ではありませんので、あくまでもニーチェは考えるためのヒントとしてピンポイントで活用していきます。ただし、あまりにも従来の解釈から離れてしまうのもマズイので、そこから大きく外れないよう留意したものだとお考え下さい。
そんなニーチェは、キリスト教が大嫌いです。実のところ、大好きであることの裏返しにも思えてならないのですが、とにかく嫌いであると公言してはばかりません。ニーチェからすると、キリスト教はルサンチマン（虐げられし者が強者に対し抱く復讐心）の塊です。

かつて、ユダヤ人はローマ人から虐げられていました。ローマの支配下にて、惨めな日々を送っていたわけです。しかし、ユダヤ人はローマの支配下から脱するだけの力がありません。鬱屈した生活は続いていき、ルサンチマンは蓄積されていきます。

そこで彼らは、キリスト教という名の虚構を発明することで、コペルニクス的転回とでもいえる驚くべき解決策を生み出した、とニーチェは考えます。「貧しい者こそ幸いだ、神の国はあなた方のものだ」「富んでいる者が神の国にはいるよりは、らくだが針の穴を通る方が、もっとやさしい」といった不思議な言葉は、虐げられている自分たちを救うべく作ったのだと考えるわけです。

仮にこの世界観が是となれば、現世にて支配される日々が続こうとも、いや、支配される日々が続くからこそ、一転してユダヤ人はローマ人の優位に立てます。ネット上でたまに目にする言葉だと「精神的勝利」が妥当するでしょうか（出典は魯迅の『阿Q正伝』）。この現世では逆立ちしても勝てないので、精神世界のような別の場所で新しい価値基準に基づく虚構を作り上げ、そのなかで勝利しルサンチマンを解消するというわけです。

ニーチェからすると、キリスト教は手かせ足かせです。ルサンチマンから生まれた規範に拘束されることで、本来あるはずの素晴らしい人間の力が発揮できずにいると考えます。

だからニーチェは、キリスト教と、その影響が残るもの全てを破壊したい。そして全部取り払ったうえで、未だかつてない偉大な人間である「超人」を目指すべきなのだとします。

ところが、ニーチェは神を殺した市井の人々、つまり神を信じなくなった民衆の姿を見て大いに嘆きます。あれほど神を憎んでいたにもかかわらずです。これではまるで「好きだけど嫌い」的な、アンビバレントな心を持つ少年少女のようです。

おそらく、この不可解な事態はこういうことだと思います。

ニーチェは、キリスト教という規範が果たしている役割を、大いに理解しているし評価もしている。けれど、ルサンチマンから生まれたキリスト教には納得していない。だから、これを壊してしまい、キリスト教の代わりとなるような、もっとよいものを作り上げたいと考えている。または、キリスト教のような規範がなくても力強く生きていける超人に、一人ひとりがなるべきだと認識している。

以上のような理由があれば、ただ単に神を殺すだけなんてもっての外《ほか》となります。もっと素晴らしい人間になるためにキリスト教を壊すのに、ただ破壊しただけではどうしようもないのです。

そんな、規範を壊すだけ壊してしまった挙句、何ら理想や目的を持たず、ただひたすら安楽を追求する人間のことを、ニーチェは「末人」と呼び軽蔑しました。

この末人とは、まさにひろゆき氏的な思想に強く影響を受けた人々（ひろゆき氏的な存在）のことです。さすがにニーチェの口から「ネット」や「コスパ・タイパ」とは発せられませんが、本質的に両者は同じなのです。つまり、ひろゆき氏的な存在／思想とは、末人／末人思想だということです。

総じて現代人は、コスパ・タイパを重視します。または、それらを重んじざるを得ない状況を強いられています。コスパ・タイパのためであれば、規範を壊すこともやぶさかではありません。

そんな規範が消滅した地点に、ひろゆき氏はいます。コスパ・タイパを重視はするものの、それでも規範を捨てきれないでいる私たちに先んじる形で、ひろゆき氏は「末人のススメ」を発しているのです。一足先に規範を捨てきった彼が影響力を持つのも頷けます。

ニーチェの目には、ひろゆき氏的な存在が増えていく未来が見えていたのでしょう。そしてそれ故に、ニーチェは哲学者としてだけでなく、未来を見通すのに長けた人物として一目を置かれ、その文章が読み継がれているのだと思います。

ここでニーチェを取り上げた理由も、その先見性にあります。

ニーチェの文章は分かりにくい。それどころか、ニーチェ自身がちゃんと結論まで到達できたのかさえ非常に疑わしい。でも、いち早く末人の存在と、その問題点が見えていたニーチェの目には、その先にある処方箋や新たな課題もまた、朧《おぼろ》げにでも見えていた可能性が高いはずです。少なくとも、この問題に対し膨大な時間を使って向かい合ってきたのは間違いありません。だから、ニーチェの言葉から、何か一つでもヒントを得ようというアプローチは適切だと考えます。

第2章

規範が消えた世界で起こること

ポスト規範としての「空気」

コスパ・タイパを優先するあまり規範を消していったら道徳が荒廃する、とも考えたくなりますが、どうもそう簡単な話ではなさそうです。

まず、規範がないと色々と不都合なので、新しく見つけるという道があります。新しい共同体に参加し、そこにある規範を我がものと（内面化）したり、何にも頼らず自力で作ったりするわけです。仮に、あらゆる「〜べき」を消せば、人生の目標や意味さえも消滅してしまい、ひろゆき氏のように「人生は死ぬまでの暇つぶし」という考えに帰着しそうですが、これは万人が受け入れられる考えだとは思えません。

また、消えた規範の代わりに、議論によって合理的なルールを設けるという一手も考えられます。が、今の学校が出席停止制度の適切な運用ができていないように、そうは問屋が卸さないようです。しかも、たちまち共同体という名の組織がなくなったり、そこにいる人々が簡単に退場したりはできないため、統治をする方法がないのに集団が存続するという、なんだか危うい状況になりそうです。

ここに、空気を読むという意味での「空気」が満ちていく環境が整います。

空気について私は、山本七平氏による『「空気」の研究』（文春文庫）等を参考にし、「曖昧な掟」と定義しています。そしてこの曖昧な掟は、明確な掟（規範）が不足したとき、それを補うように発生すると仮定すれば（または単純化すれば）、うまく空気を捉えられると考えます。何が正しいのか、規範・ルールなのかが分からないとき、皆が考えているのであろう正しさを探ることが「空気を読む」だということです。「空気を読む」には、議論をせず速やかに規範が決まるというメリットがあります。新型コロナ禍にて、国家が私権を厳しく制限することなく、各々が空気を読んで社会が統治されていった日本の姿は、まさにその利点によるものです。

一方、この空気は合理的な議論により決定されたわけではないので、非合理的な空気（掟、規範）が形成されてしまうこともあります。理不尽な空気が猛威を振るうことのデメリットは、多かれ少なかれ誰しもが経験していることでしょう。

学校は、「空気を読む」という、「規範ならざる規範」を内面化する場です。それも、年々その傾向は強くなっていきます。学校や先生の権威・規範が低下し続けているわけなので、それと反比例するように必要な空気の量が増えるからです。特に女子中高生は大変で、今や下校した後においてさえも、SNS上で空気を読むことを強いられる生徒は少なくありません。なかには、一軍・二軍・三軍と階層化されたスクールカーストが形成されてしまい、一軍の動向を戦々恐々としてうかがう日々を送るという可哀そうなケースも散見されます。

そんなスクールカーストですが、実は対処法もあります。聡明なある中学生は、スクールカーストの性質や厄介さの実態をネット上で事前に把握していたために、その枠外で生活するための対策を立てたというのです。

たとえば、クラスのほとんどが参加するグループLINEです。彼女は強い意志を持って、このグループLINEに入ることを拒み続けたのだそうです。

仮にグループLINE上で、誰それと仲良くしてはならないという空気が生まれたとすれば、グループLINEの参加者は、学校でもその空気に従わざるを得ません。余計な情報を共有してしまったばかりに、学校でも空気に拘束されてしまうことになります。

空気は、たとえ曖昧でもある種の規範です。互いに空気を読んでいくことで規範が形成され、外部とは隔絶した共同体が生まれます。空気を読めば読むほど規範を守ったことになり、その守り続けたという事実をもって厄介な共同体の一員になってしまうのです。そして、そんな共同体にスクールカーストが形成されれば、必然的に共同体のメンバーは隷従せざるを得ません。

言い方を変えれば、空気を読む共同体に組み込まれた生徒だけに、カーストの序列に従う義務が生じるわけです。ならば、孤立する可能性というリスクと引き換えに、最初から共同体に参加しなければよい。空気を読む機会を極力なくすこと即ち、空気という規範にとらわれず生活をすることで、共同体の枠外の人間になれる可能性が出てくるわけです。

だったら、スクールカーストの三軍のメンバーもまた、さっさと共同体から外れればよさそうですが、それは一軍・二軍が許しません。三軍のように虐げられる生徒がいるから一軍は高みに立て、そして二軍は安全な地位を確保できるのですから、三軍の退場など、一軍・二軍にとってはデメリットでしかないからです（もっとも、一口にスクールカーストとは言っても、一軍が三軍を虐げることのない緩やかな序列が形成されている場合もあり、そのあり様は多種多様です)。

聡明な生徒の戦略が素晴らしかったのは、グループLINEに入らない等の策を実行することにより、そんな厄介なカーストの枠外の人間であるという立場を表明した点にあります。しかも、後に彼女は一軍への加入を勧められましたが、その時でさえ拒否するという徹底ぶりを見せました。彼女の見事な対処法には脱帽するしかありません。

ネットを活用し知識を得ることで、「知らないことが自身の安全確保に繋がることもある」という、大人社会でも通用する術を中学生にして理解してしまう——。生徒たちと接していて思うのは、優秀な生徒がネットを適切に使うと、大人顔負けの思考ができるようになり、こちらが驚くほどの聡明さを見せるということです。が、残念なことに、その逆もまた然りであることを実感する日々でもあります。

この生徒のような人々ばかりであれば、みんなが自由にネットを使ったところで大きな問題は生じなさそうです。彼女のようにネットを駆使し、よりよき思考を得ることで、よりよき日々が到来しそうでもあります。

しかし、万人に開かれた自由で公平な社会が到来するという、インターネット・ユートピア論の消滅が象徴するように、不適切な使い方によって個人・社会が害を被るというケースが後を絶ちません。ネットは万人が適切に使えるのではなく、一定の知識・能力を有した者にしか適切に使えないと捉えた方が、もはや実態に近いのではないでしょうか。だとすれば、私たちは後天的にネットについて学ぶことで、少しでもちゃんと使用できるようになる必要がありそうです。

DMで告白するZ世代

世代を問わず、私たちはゴシップに夢中です。噂話が楽しくて仕方がありません。ゴシップネタが舞い込めば、誰かに話したくて仕方がない方も多いことでしょう。私自身、やっぱりゴシップは楽しくて、ついつい根掘り葉掘り聞いてしまう方です。

もちろん、それは今を生きる中高生も例外ではありません。休憩時間中、中高生のゴシップネタが飛び交うことは珍しくないですし、気が付くと私も興味津々に話を聞いてしまうことが多々あります。

当世風だなと思うのは、ＤＭ（ダイレクトメッセージ）にまつわる話です。友達がＤＭで、ほとんど話したことのない同級生から告白された、なんてものです。

誤解なきよう記しておくと、ゴシップになるくらいなので、デジタルネイティブのＺ世代とはいえ、これは一般的な告白のあり方ではありません。ただし、段階を踏まず、いきなりＤＭで告白をしてしまうという現象は、特別珍しいものでもないようです。中高生たちはそれほど驚くことなく、「あー、たまにそういうイタイやついるよね」くらいの感覚で楽しそうに話をしています。

しかしながら、恥ずかしくて意中の子とまともに話ができないなか、清水の舞台から飛び降りるつもりで唐突に告白してしまったなどという話は、世代を問わず見られるもののはずです。ＤＭという言葉を取り除き、偏見を排してこのエピソードを眺めてみれば、実は大人世代がしてきたことと大差ないことが分かります。違うのは、欲求を容易に実現するツールにあり、そしてそれがために従来の性質が鮮明になるということです。

Ｚ世代に関する論のなかには、大人との違いを際立たせるものも散見され違和感を覚えますが、本質的に私たちと何ら変わらない部分が沢山あることを忘れてはならないと思います。むしろ、Ｚ世代を紋切型のワードで理解し接してしまうと、そのことを敏感に察知した彼らから疎まれるような気がしてなりません。

さて、そんな便利なツールであるＤＭは、これ以上ないくらい、意中の子と接近するのを容易にしています。

まず、直接面と向かって会話をする必要がありません。無論、連絡先の交換も不要です。SNS内にて、気になる生徒のアカウントを探索してフォローし、あいさつがてらのDMでもすれば、それでファーストコンタクトは完了です。こんな便利な道具が中高生時代にあったら、今は大人の方々も喜んで使用したのではないでしょうか。

あえて言えば、面と向かって話したことがないのに、平気でDMをしてしまうという感覚は、デジタルネイティブとそれに近い世代でないと分かりにくいかもしれません。友人や恋人とのファーストコンタクトがDMだったという話は、ごくごくありふれたものになっていて、そのこと自体はZ世代にとって自然なことになっています。DMで連絡を取り合い一定の信頼関係が構築されたら、次はLINEアカウントの交換や無料通話といった次の段階に移り、そして実際にリアルの世界でも交流を深めることで交際に至るというわけです。なかには、通話をしながら一緒にゲームができるという便利なアプリを使い、四六時中ネット上で交流しているうちに、リアルの世界での会話がほとんどないまま付き合うことになった、という事例もあるようですが、さすがに稀なケースでしょう。

「#春から〇〇生」「#春から〇〇大学」というSNS内にて見られるハッシュタグもまた、そんな今日的なファーストコンタクトの一つです。大学や高校に合格した中高生が、入学前に友人（候補）を作ってしまおうという試みです。

もちろん、このハッシュタグがあるからといって、誰彼構わずフォローするということは通常ありません。SNS内に投稿されている動画・画像・文章に目を通し、自分との相性をチェックしたうえでフォローするのが一般的です。入学前から、自分と波長が合いそうな人たちと接触できてしまうとは、なんて便利な世の中なのだろうとも思います。

ここまでの記述から分かるように、今を生きる子供たちにとって、ネットとリアルの境界線は曖昧というよりも、もはや陸続きになっています。リアルな世界でのコミュニケーションがネット上でも引き継がれるのはもちろんのこと、ネット上での交流がリアルにおける交流にもつながっていきます。

以前から、ネット上では同質性の高い集団が組織されやすいことが指摘されてきましたので、特段の説明は不要だと思います。そして、その高い同質性が良いことずくめでは全くないこともまた、衆目の一致する所でしょう。

そんな毒にも薬にもなる高い同質性は、リアルとネットの境界が不明瞭な今、容易にリアルの世界にも引き継がれます。リアルの世界で交流をする前に、ネット上の直接・間接的な交流という段階を経るならば、これまで以上に速やかに、そして特色が鮮明になった集団（共同体）がリアルの世界に出現することになるのは当然です。

モノサシが違いまんねや

『首領《ドン》への道』シリーズという極道もののVシネマでの一幕です。俳優の白竜扮するヤクザが、非人道的な行為について警察から問い詰められるものの「あんさんのとワシらのモノサシが違いまんねや。仕方おまへんやろ」と一蹴します。そちらの論理で正論を言われましても、こちらとしてはモノサシ（規範・価値基準）が違うとしか言いようがありません、ということです。

「モノサシが違いまんねや」という言葉は、リアルでの共同体やネット上の共同体である「界隈」を理解するためのキーワードです（以下、本書ではSNSなどネット上の同質性の高い共同体を界隈と呼びます）。それぞれの共同体には特徴がありますが、それらは「モノサシが違いまんねや」という言葉により大づかみに理解ができます。

このモノサシについて、一つ注意すべきことがあります。それは、外と内を峻別する特異な規範（モノサシ）があるから共同体なのだということです。外でも内でも通用するルールしか持たない集団は、共同体では決してありません。それは誰にでも開かれた公園のようなものであり、閉じている共同体とはまるで性質が違います。

具体的には、かつての学校や企業、または極道の世界が共同体です。その一員であり続けるならば、規範を守ることを強いられます。その規範が自分自身に刷り込まれることで、よく言えば教育効果がてきめんに表れるわけですが、穿った見方をすれば人格が改造されるとも解釈できます。その意味では、どんな共同体に足を踏み入れたかによって、どんな規範が内面化されるのかが大きく変わることになります。

これまで学校で内面化されてきた規範の全てがよかったとは、露ほども思いません。先述したように「空気を読む」という、大いに問題のある規範を内面化するのが学校だとさえ思います。ですが、多くの人々に対し、最低限身につけるべき規範を供給するという機能を果たしていたことは確かです。

こうした学校のあり様に対し、そんな画一的な教育をするから創造的なビジネスパーソンが生まれず日本経済がダメになるんだ、といった批判がよく見られます。が、その妥当性はさておき、もはやこの批判は年々発する意味がなくなっています。学校を閉ざすのが極めて困難な今、その規範を内面化させることもまた難しくなっているからです。経済界の望み通り、ユニークな資質を持った優秀な子供たちを縛り付ける鎖はどんどんなくなっていて、彼らがその才を、存分に開花させる可能性は高まっていると思います。本書のようなテーマになると、ネットの悪い側面ばかりに焦点が当たりがちですが、この点についてはネットがもたらした恩恵に違いありません。

一方、最低限保証されていた、規範を供給する機会が損なわれることで、無視できないデメリットも生じます。その規範の内面化が、各家庭・個人に委ねられる裁量が大きくなるからです。各家庭が提供する教育環境のあり様がこれまで以上に重要になることで、まさに親ガチャ的な言葉が、より妥当する状況が生まれてしまうわけです。いきおい、各々が有するモノサシのあり様もまた細分化するので、以前から指摘されてきた価値観の多様化が加速度的に進行していくでしょう。

外食テロと脛に疵持つ大人たち

モノサシが違うとは言っても、それで反社会的な迷惑行為が許されるわけもありません。あちこちの共同体（界隈）にモノサシは複数あり、しかも外に適用しては決してならないものが含まれています。

しかし、どうにもこうにも、この当然のことを理解できない迷惑者が後を絶ちません。二〇二三年に相次いで起きた、いわゆる外食テロ事件もまた、そんな出来事の一つです。一連の事件を知った大多数の人々は、なぜあれが面白いと思えるのか不思議に感じたことでしょう。ネットの恩恵によって鮮明になるのは若者の優秀さだけでなく、愚劣さもまた例外ではありません。

実は、あの世間を騒がせた事件と同種の動画が、塾の生徒に送られてきたことがあります。直接、公衆衛生に悪影響を及ぼす内容ではないものの、その低俗さは塾の生徒である男子高生曰く「寿司テロよりひどい」もので、女子高生に至っては「民度が低い」とさえ言い放ちました。あんな外食テロ動画は、大多数のZ世代にとっても低俗極まりないものであることを強調しておきます。そして、世間を騒がせる外食テロ事件は、氷山の一角に過ぎないこともまた付言しておきます。この手の動画は、あれこれ検索をすれば、それほど労することなく発見できるものであり、多くのZ世代が目にするものでもあるからです。

こうした理解しがたい人々に対してもまた、もはや（笑いの基準を含めた）モノサシが違うだけと言いたくなりますが、そう簡単に片づけられない背景もあります。

そもそも、笑いとは何でしょうか。こうすれば人は笑うという条件がないことは明らかですが、笑いを起こすならこれは必要だという条件なら、大雑把にはあるようです。フランスの哲学者ベルクソンは、次のような卓見を示しています。

> 笑いには情緒より以上の大敵はない。例えば憐憫とかあるいは更に愛情をさえ我々に呼び起こす人物を我々が笑いえないと言おうとするのではない。ただその時でも数刻の間はこの愛情を忘れ、この憐憫を沈黙させなければならぬのである。
>
> （ベルクソン『笑い』林達夫訳、岩波文庫、一九七六年）

憐憫とは、かわいそうに思ったり憐れんだりすることです。

コメディアンや芸人が織りなすステージには、かわいそうな登場人物なりエピソードが頻出します。そして、それらに対し常にかわいそうだと感じていては、たしかに笑えそうにもありません。チャップリンの名言「人生は近くで見ると悲劇だが、遠くから見れば喜劇だ」が思い出されます。

大胆に言えば、かつての私たち大人と外食テロを起こした子供たちは、本質的には似ているのかもしれません。

そう遠くない昔、性的マイノリティを公然と嘲笑するのがまかり通っていた時代を、大人であれば誰しもが覚えているはずです。バラエティ番組はもちろんのこと、子供が視聴するアニメにおいてさえ見られました。

性的マイノリティを小馬鹿にするネタを笑えなくなった理由は幾つかあるでしょうが、その一つにこの憐憫が関係していることに、特段の異論はないと思います。性的マイノリティの苦しみが世に知られるにつれ、たとえネタにされたとしても、憐憫の情が生じるようになり笑えなくなったわけです（もちろん、観光客向けのゲイバー等々は全くの別であり、それさえも否定するのは横暴だと思います）。または、それは公然と笑ってはならないという了解事項を後天的に学んだがために、公の場では決して笑わないわけです。

かつて性的マイノリティを公然と笑っていた私たちは、今の私たち大人から見れば民度が低いと判定できます。言い方を変えれば、私たちが性的マイノリティの苦しみについて知ることで憐憫の情を感じられるようになり、それは笑いではなくなったわけです。

そう考えると、私たちと外食テロを起こした若者との大きな違いは、笑える／笑えないを後天的に学べたかどうかということになります。

塾の生徒が、あの外食テロのようなふるまいをする同年代の中高生に対し言い放った「民度が低い」という意見に対し、私は何も反論ができません。なんなら、私もそう思っています。なんて低俗な連中だと心底思います。

しかし、たまたまこの発言をした生徒が優秀であり、ちゃんと勉強をしていけば十分に難関大学に受かる未来が見えているためか、ちょっと残酷な構図だという気もします。民度とは、文化・教育・モラル等の程度を意味しますが、こうも似た者同士が容易に共同体を形成できる現代にあっては、昔よりもなお一層、その民度の違いが鮮明になり、それが大きな格差となって表出するからです。そして、彼らが「民度が低い」まま中高生になってしまった一因に、教育を受ける機会に恵まれなかったという、まさに親ガチャ的な要素があることは否定できないからです。

より愚劣さが鮮明になった彼らの存在は、強者を含めた全ての人にリスクをもたらします。まともな規範を内面化できなかった人々がリアル／ネットで暴れまわることによる弊害は、各界隈からなされる誹謗中傷と、悪質な書き込みで人を死に追いやる「指殺人」や先述の外食テロ事件が象徴するとおりです。

その他大勢にリソースを割くのではなく、優秀な人間に教育資源を投入しようという考えも確かに一理あると思います。しかしそれが行き過ぎると、その他大勢のなかの一部の人々の愚劣さに拍車がかかり、優秀な人間を含めた社会全体に害が及ぶという構図について、先の選択と集中的な論を推奨する人々はもう少し敏感になった方がよいのではないでしょうか。

誹謗中傷モンスターを生む仕組み

「それってあなたの感想ですよね」が象徴する末人思想は、旧来の規範を次々と消していくことで、必然的に共同体を空洞化させたり、そこから人々を退出させたりします。煩わしい共同体や規範から自由になることで、日々は軽くなっていくはずです。

ところが、リアルにもネットにも、居場所になるような共同体なくして生きられるほど、多くの人間は強くありません。そんななか、寄る辺を求めるように新しい共同体や界隈に漂着することで、結局は新たな規範を内面化するという道筋をたどる人々が続出することになります。従って俯瞰的に見れば、末人思想は規範を消滅させるだけでなく、規範の再選択も促すと考えた方が正確です。

その再選択によって時代錯誤な規範から逃れ、現代において適切なものにアップデートされれば、何も言うことがありません。ネット社会の恩恵を受け、よりよき日々が待ち構えている可能性が高そうだからです。

そもそも、どんな規範を持とうが個人の勝手です。誰にでも内心の自由があるわけで、あの規範がよくてこれがダメなどと安易に述べるべきではありません。ただし、それは反社会的な行動を起こさない限りにおいてです。「モノサシが違いまんねや」が正論だとしても、それとこれとは話が別です。

ネット上には、そんな反社会的な行動が常態化している界隈が多く存在しています。たとえば『好き嫌い.com』というサイトです。よく、SNSやYahoo!ニュースのコメント欄が誹謗中傷をするユーザーの巣窟と見なされますが、このサイトは群を抜いてひどい。

読んで字のごとく、同サイトは特定の有名人に対し「好き」か「嫌い」のどちらかに投票したうえで、両陣営に分かれて放言する場です。「不人気ランキング」の上位になると、優に十万を超える投票と数万を超える書き込みがなされており、驚くほど多くの誹謗中傷で溢れています。こんな界隈の住人になった人々が、反社会的な規範を内面化してしまった結果、ＳＮＳ等で悪口雑言の限りを尽くすのは目に見えています。

厄介なのが、その誹謗中傷をしている住人たちにまるで罪の意識が見られないことです。先に紹介した『首領への道』シリーズでは、「わしらの世界では灰色は黒だ！」という頻出する言葉がありますが、ここの住人のモノサシはまさにこれです。いや、灰色なのは相手の言動ではなくて、住人たちの目に形成されてしまったフィルターだと思えるほど、些細なことに疑いの目を向けることで誹謗中傷を正当化してしまいます。「一枚もツーショット写真を確認できないから結婚は嘘で売名行為」「余命宣告されているのに明るすぎる。詐病で金もうけをしているに違いない」等々、枚挙にいとまがありません。なかには、矛先を向ける有名人のブログが更新される度に書き込みという名の難癖をつける住人たちもおり、もはやライフワークというか生きがいになっているのではないかと思えるほどです。

見たくないけど、見てしまう

これと似たようなケースは、中高生がよく足を踏み入れる界隈にも存在します。そして、意図せずともそんな反社会的な界隈の様子が不可避的に目に飛び込んでしまうため、実に多くの中高生が厄介な界隈の存在を知ってしまう現状があります。暇つぶしがてら、動画サイトやSNSでショート動画を見ていると、その界隈に関する動画が流れてくるため、意思に反して目に入ってしまうのです。

たとえば、『wakatte.TV』というYouTubeチャンネルです。道行く人々に学歴を尋ねたうえで、その学歴を賞賛したり嘲笑したりするという、低俗極まりない動画が数多く確認できます。

同チャンネルの説明文によれば「この番組は全国の受験生、高校生のみんなに『絶対にこんな大人になるなよ！』という思いを込めて、あえて日本の学歴社会を皮肉る学歴第一主義のブラックキャラクター「高田ふーみん」と、お友達の「びーやま」による、教育痛快バラエティ番組です」とあります。が、これが建前であることは明白です。コンプライアンスに厳しく縛られているテレビでは決してできない、過激な企画が受けるというYouTubeの潮流に乗っているだけでしょう。

この動画チャンネルは、ちょっと驚くほど高校生からの認知度が高いのです。いや、高校生どころか、公立中学に通う生徒が知っているというケースさえよくあります。

聡明で真面目な生徒は、この動画チャンネルに対し不快感を示したうえで、高田ふーみん氏について「あの人、（やっていることが）二重人格ですよ！」と憤りをあらわにしていました。他の動画チャンネルでは塾講師として真面目な応対を高校生にしつつ、その一方で大学生を小馬鹿にする態度が許し難かったのでしょう。そして何よりも「見たくないけど、気になって見てしまう」自分にいらだっていたようです。「見たくないけど、気になって見てしまう」という言葉は、当事者の言だけあって問題の核心を突いていていると思います。

受験を控えた中高生が、偏差値や大学・高校といったものに関心を持っていて、その関心を反映した振る舞いをネット上でしてしまうのは致し方がありません。その関心を敏感に察知したアルゴリズムの働きにより、ユーザーの関心を刺激する内容の投稿が視界に出現し、思わず足を踏み入れてしまうわけです。しかも、そんな界隈のコンテンツは往々にして過激であり、そこに存する規範もまた反社会性を帯びがちです。ここに、下劣な規範を有した界隈が発するコンテンツほど注目を集め人々を誘ってしまうという、全く歓迎できない関係性が見えてきます。

ネット上には星の数ほど情報が存在するため、誰かに見てもらうだけでも難儀なものです。だから、注目（アテンション）を集めクリックさせるだけでも大きな価値が発生します。そんな状況は、昨今ではアテンションエコノミーとも呼ばれていて問題視されています。フェイクニュースやデマ、全く裏取りをしない情報の方が刺激的になりやすいのは明らかであり、それ故に誤った情報が拡散してしまうためです。

ただし、どうやらフェイクニュースやデマだけでなく、反社会性を帯びた規範までもが拡散しやすいようです。こうなると、煩わしい規範を壊した意味が問われるのはもちろんのこと、かつて有していた古臭い規範の方がマシだったのではないかという当然の疑問が浮かんできます。

「勉強垢」と承認欲求の罠

念のため、ネット上のコミュニティとしての界隈が悪いことずくめでは決してないことも付け加えておきます。界隈にいるネット上の友人のおかげでめげずに通学ができていた生徒が、進学した学校で友達ができ、学校生活を謳歌するようになったなんてケースは、ネット社会が恩恵をもたらした結果に他なりません。

SNS上で見られる「勉強垢」もまた、使いようによっては良き界隈を形成できます。

勉強垢とは、勉強に特化した投稿をする副アカウントのことです。受験勉強のモチベーションを高めあったり有益な情報を交換したりする仲間たちと繋がることで、学力向上が期待されます。

とりわけ、周囲に難関大を目指す生徒がいない田舎の受験生からすれば、こうした界隈がもたらしうるメリットは計り知れません。聡明な受験生たちが猛勉強している姿を知ることで、「努力」の意味が変わってくるからです。

ほぼ難関大受験生がいない牧歌的な田舎の高校と、小学生の頃から競争に明け暮れていた中高一貫の超進学校とでは、「努力」や「頑張った」の意味がまるで違います。片や休日八時間の勉強は「物凄い努力」である一方、後者であれば「最低限」または「全くはかどらなかった」といった具合です。この感覚のズレを修正することで勉強のあり様を変えることができれば、田舎の受験生にも活路が開けることでしょう。

その一方、綺麗なノートを投稿したり、頑張っている自分をアピールしたりすることが目的になってしまうと、意味がないどころかデメリットしか生じません。そんな彼らが悪目立ちした結果、勉強垢そのものに対し冷たい視線を投げかける高校生も少なくないようです。

ここでもまた、ＳＮＳを適切に活用できる優秀な生徒たちが集うことで、彼らがより優秀になる一方、勉強垢界隈を承認欲求の場と取り違えてしまい、より学力が低下する生徒たちが出現するという格差拡大の図式が見て取れます。

過激YouTuberが欠く「不謹慎の倫理」

これら特定の界隈で身に付けた規範は、そっくりそのまま自分に刃が向けられます。先述した『wakatte.TV』では、一般的に難関大とされる学校でさえ馬鹿にされてしまいます。事実上、日本人の大部分が嘲笑されているようなものです。こんな動画にどっぷりとはまった先には、相当にいびつなモノサシが形成されるのは目に見えています。パン屋の店員に学歴を聞いたうえで「高卒が作った単純なパンでした」と発してしまう無礼な姿や、学生たちに対する「しょぼい大学だな」「ガチのＦラン（ボーダーフリーの大学）やないか」といった暴言を面白がること即ち、下劣な規範の内面化に直結してしまうのは論を俟ちません。

動画を視聴している最中、このモノサシは赤の他人に対して適用されます。動画内の人物たちに同調するように、特定の大学を嘲笑うことも大いにあるでしょう。

ところが、このモノサシは自分や自分の周囲にいる人々に対しても、否応なしに適用されてしまいます。そして自分や周囲の人々だけが、「日本人の大部分」に入らないなどというご都合主義は滅多に起きません。結果、自分自身に刃が向けられるのはもちろんのこと、周囲もまた嘲笑の対象となることで、その関係性にヒビが入ってしまいます。

塾の中にも、この『wakatte.TV』にはまってしまった中学生がいました。クラスで視聴している男子が沢山いて、彼らに薦められるまま視聴したことがキッカケだったようです。

大変にマズイと思った私は生徒に対し「あの動画では〇〇大学が馬鹿にされているけど、そこに入れるのはせいぜいクラスの上位十%くらい」だと告げました。その生徒は上位十%どころか二十%にも入っていませんでしたので、君こそが馬鹿にされる対象だと言ったようなものです。かなり際どい発言ではありましたが、大学受験期になってから現実に気付くよりマシだと思ったのです。そして案の定、こうした大学受験の実情について生徒は何も知りませんでした。

かつて動画を見ながら散々馬鹿にしていた大学が、自分の母校になってしまうという顚末は目も当てられません。そしてそれは、内面化した歪んだ規範が、自分にも適用されてしまった結果に他なりません。

蛇足ですが、このYouTubeチャンネルに登場するような過激なYouTuberに対し、以前から私は強い違和感を覚えていました。誤解を恐れずに言えば、そこに自分の行為に対する客観的な認識、すなわち不謹慎の倫理がないからです。

この件について、立川談志師匠の考えが示唆的です。その考えを私は、談志師匠の著作を踏まえ次のように解釈しています。

落語家は非常に身分の低い人間だ。世間から蔑まれる存在である。だから不謹慎なネタを発したとしても、世間の常識に生きる人々は「下らない落語家が馬鹿げたことを言っている」という認識の下、落語家と自分の間に線を引き、距離感をもって笑うことができる。息苦しい規範という拘束に縛られた人々は、落語家の非常識な語りによってガス抜きをする。そして寄席から出れば、また常識の世界を生きていく。もちろん、相手は下賤な落語家なので、その規範を内面化しようなど夢にも思わない、といった具合です。

これは、不謹慎なネタという禁忌を侵す自分に対し課した制約であり倫理でもあります。不謹慎の倫理とは語義矛盾そのものですが、この倫理が果たす役割は少なくないでしょう。が、この手のネタが、昨今では表に出せなくなっているのは周知のとおりです。

そして表に出すのが難しくなったネタは、不謹慎の倫理をまるで持たないYouTuberたちによって、ただ単に下劣に展開されてしまいます。こんなことであれば、以前の方がマシだった気がするのは私だけでしょうか。

スピリチュアルに癒される

新しい規範を提供する共同体やネット上の界隈のなかには、先述した明らかに下劣なものだけでなく、ちょっとグレーなものも混ざっています。今後、新しい共同体や界隈が増えていき、しかも自分が足を踏み入れる可能性が高まる以上、これらについて最低限知っておいた方がよさそうです。

さて、旧友から久しぶりに連絡がきたと思いきや、尋常ならざる熱量で何かよく分からないことを訴えられ、しかも見慣れない名前のセラピーやカウンセリングに誘われたなんて話は、ままあることです。私にも経験がありますが、旧友が遠くの世界に行ってしまったように思われ、曰く言い難い感情が生じたことをよく覚えています。

そんな新しい世界で金をむしり取られたうえに、家族関係が崩壊したという話はごまんとあります。が、そうした反社会性を有することなく、遠い世界で楽しく日々を送る方々もいらっしゃいます。

臨床心理学者の東畑開人氏による著書『野の医者は笑う』（誠信書房）には、そんな世俗からちょっと離れた世界で日々を過ごす「野の医者」、つまり在野のカウンセラーやセラピストの生態が詳しく描かれています。

野の医者とは病み、そして癒やされた人たちである。

私はその後、百人以上の野の医者から話を聞いたが、ほとんどの人が深刻に病んだ時期があり、それを潜り抜けた後に治療者としての活動を始めていた。

野の医者たちは自分が病み、癒やされた経験から得たものを、今病んでいる人に提供しているのである。

自分を癒やしたもので、人を癒やす。そして人を癒やすことで、自分自身が癒やされる。

こういう現象を、ユングという偉大な心理学者は、「傷ついた治療者」と呼んでいる。

（東畑開人『野の医者は笑う』誠信書房、二〇一五年）

筆者の旧友もまた、スピリチュアルとセラピーが混ざり合った治癒活動を展開する、野の医者に転身をしていました。最近、SNSをはじめとしたネット上でもよく見かけるようになった人々ですが、その一員に旧友はなったわけです。

そんな旧友のメッセージからほとばしっていた熱意は、精神的な不調が劇的に治った体験を奇跡と捉え、それを旧知の人間にも知ってほしいという思いの表れだったのかもしれません。他者を治療すること即ち自分を癒すことである以上、これからも旧友は熱心に活動を続けていくのだと思います。

旧友はSNS上で、同じような野の医者たちと繫がっています。世俗から少し離れた場所に共同体や界隈をつくり、時にはお互いに治療する側／される側となることで癒し合っているのでしょう。そしてこのこと自体に対し、外部がとやかく言う資格は微塵《みじん》もありません。

一方、こうしたスピリチュアル系の界隈は、時として反社会性を帯びることも確かです。特に、陰謀論の世界と大変に相性がよく、しかもそれ故に反社会性が強まってしまうことが多々あります。

笑えない陰謀論の話

陰謀とは、密かに計画される悪事のことです。表では公正な競争を装いながら、その裏で企てられる談合のようなケースが該当します。近頃、随分とネガティブなニュアンスがついたものの、この陰謀や陰謀論という言葉そのものは、本来であればもうすこし気軽に使用できたもののはずです。

しかし、そうも言えなくなってきました。アメリカ合衆国議会議事堂襲撃事件、ハインリヒ十三世を名乗る貴族出身の男が起こしたドイツクーデター未遂事件、そして日本国内におけるワクチン接種会場への不法侵入事件等、陰謀の可能性を考えるのではなく、それを真実であると確信した人々による反社会的活動が後を絶たないからです。現行法に優越する真理を確信する者たちの反社会的行動が、もはや民主主義を危機に陥れているのは明らかです。

そこで本書では、推測に過ぎない陰謀を真実だと確信し、しかも社会や他者にそれを強要する者を「陰謀論者」とし、そして彼らが確信するその説を「陰謀論」と鍵括弧をつけ記すことで、意味を限定して使いたいと思います。

彼らの思考回路を理解するためには、推理小説やサスペンスドラマをイメージすればよいと思います。これらの作品では、次から次へと不可解な出来事や情報という「点」が見つかっていきます。この怪しい「点」が蓄積されていった中盤から終盤にかけて、「点と点が繋がって真犯人が見つかる／謎が解明される」というカタルシスがあり、しかもそこから霧に包まれていた視界が広がるように、一気に物語は全貌を現します。

安倍晋三元首相銃撃事件を例にとって説明すると、たとえば「山上容疑者の立ち位置からは右前頸部に銃弾を当てることはできない」「動機が不可解」といった数々の疑問という名の「点」と、「現場付近のビル屋上にあった白いテントが事件からほどなくして消えている」「山上容疑者による銃声を調べると空砲であった」といった、あたかも推理小説におけるヒントのような怪しげな「点」が繋がることで、「山上容疑者の銃撃は空砲だ。確たる動機を有した真犯人に依頼されたスナイパーが、白いテントから狙撃したに違いない」といったように、まさに推理小説やサスペンスドラマのような一つのストーリーが完成してしまうわけです（もちろん、これらの「点」には多くの虚偽が含まれています）。

こうしたコミュニティには、同じような考えを持った人々が集うため、やはり似たような情報が次から次へと流れ込んできます。能動的に検索して情報を得ることもありますが、アルゴリズムにより自らが求める情報が選別されるわけなので、結局のところは受け身の状態で都合のよい情報を受け取っているのと大差ありません。そして、数多の真偽が不確かな「点」を積み重ねるうちに、あたかも点と点が繋がるように一つの線でストーリーが繋がってしまい、そのことをもって点たちには信憑性があると認識してしまうわけです。もちろん、繋がったからといって正しいとは全く限りません。

それでは、そんな「陰謀論」と相性のよいスピリチュアルとは何でしょうか。色々な説明の仕方がありますが、私は「仮説構成体」を補助線にするのがよいと思っています。

いつも勉強がはかどらないのに、なぜか今日は長時間できてしまう。いつもはいじめっ子に立ち向かえないのに、今日は歯向かうことができた。こうした上手く説明ができないことは、日常生活には沢山あります。

しかし、「やる気」や「勇気」という目には見えない言葉や概念を導入してみるとどうでしょうか。やる気がでたから勉強ができる、勇気が湧いたから立ち向かえる、といったように上手く説明ができてしまいます。このように、それがあると上手く説明できる言葉や概念が仮説構成体です。

スピリチュアルの世界もまた、「仮説構成体のようなもの」を補助線とすれば、その界隈と無関係の私たちにも大まかに理解ができます。頭の中にある考えが突然浮かんだという不思議な現象については、神から「波動」を受け取ったから（物理学における波動とは別物です）とか、宇宙の意思と「チャネリング（交信）」したから、といった具合です。「やる気」「勇気」が「波動」「チャネリング」に変わっただけです。

人間は思ったよりも容易に神秘体験をしてしまうようで、しかもその威力は絶大です。そんな神秘体験とそれを説明する「仮説構成体のようなもの」が分かち難く結びついてしまえば、自ずとそれは「仮説」ではなく「真実」となり、やる気や勇気と同じように、ありありと波動やチャネリングが実感できるようになるのでしょう。

しかし、だからこそ「陰謀論」と結びつくと非常にマズイことがおきます。波動やチャネリングによって、神や宇宙意思といった世俗を超越した何かの声を聞いてしまえば、「陰謀論」の正しさが、これ以上ないくらい強力に裏付けられるからです。その界隈で組み立てられた強引な推論に対し、それは正しいというお墨付きを超越的な何かから受け取ってしまえば、そこに疑いを挟むのは難しいでしょう。

そんなスピリチュアルと混ざりやすい「陰謀論」の界隈では、規範だけでなく壮大な物語も得られます。ここで記す物語とは、人間が目的に向かって歩む日々のことを指します。それもただの目的ではなくて、確たる価値基準により生じた目的です。この目的が社会全体で共有されたとき、それは大きな物語となります。一刻も早く近代化を目指すべきだ、一致団結して戦争に勝利しよう、成長を続ける日本とともに豊かな生活を実現しよう、といったものです。が、現代社会ではそのような皆が共有する壮大な物語が消滅してしまったのは周知のとおりです。

ところが、「陰謀論」界隈の住人になれば、そんな物語が簡単に手に入ります。たとえば、芸能界の裏側には闇の組織が存在していて、彼らの悪事を暴こうとした芸能人たちは殺されてしまったとするものです。彼らは闇の組織と戦うという使命感を胸に、今日もネット上で活動を続けています。正義感を胸に宿し、仲間たちとともに過ごす日々は充実しているに違いありません。

しかし、だからこそ彼らは自分の「真実」を社会や他者に強要してしまうという、反社会的な活動に及びがちです。規範・使命感・物語・仲間・選民意識といったものが軒並み手に入る魅力的な共同体ですが、その副作用もまた甚大なのです。

「人の夢に便乗」でもいい

そんな遠くの世界ではなくても、推し活をしていけば神様に出会えることがあるようです。

推し活とは、特定のアイドル・歌い手・アニメのキャラクターなどを応援する活動のことです。友人・知人やネットユーザーに魅力をアピールしたり、グッズを購入し売り上げに貢献したりすることで応援する（推す）わけです。なかには、もはや推しが神やカリスマ的存在の域まで達するディープなケースもあり、その程度は様々です。

そんな「推し」を本書では、「軽い神」と定義したいと思います。

ライターの横川良明氏による著書『人類にとって「推し」とは何なのか、イケメン俳優オタクの僕が本気出して考えてみた』（サンマーク出版）を読むと、ある一面においては、推しと神は同等の機能を果たしていることがよく分かります。

横川氏は、推し活をすることで日々が充実することを、繰り返し情熱的に強調します（念のために記しておくと、横川氏のケースは先述の「ディープなケース」そのものであり、もっとライトに推し活をする人々も沢山います）。

まずもって、推しは崇拝の対象です。このうえなく尊いものです。だから、直接・間接的にその存在を感じることができるだけでも心は満たされます。グッズを購入する、更新されたブログを熟読する、出演するＴＶ・ライブ・舞台を視聴・観覧する、ネット上で情報を漁る等々、その方法はいくらでもあります。存在を感じることそのものが、もはや価値基準であり生きる意味にさえなります。横川氏にいたっては「ずっと幸せの判定基準がわからなくて、自分の価値を他人との比べ合い地獄の中にばかり求めていた僕が見つけた、絶対不変の最強のものさし。それが、『推しが生きているだけで幸せ』なのです」とまで主張します。信仰する神がいるだけで、否応なしに価値基準（モノサシ）ができ、そこに向かって真っすぐ生きることができる幸福を、横川氏は嚙み締めているのでしょう。

また、推す（応援する）ということは、上手くいけば推しは今よりも売れるということでもあります。不遇の時代を過ごした推しが、積年の苦労も実りスターとなれば感慨もひとしおでしょう。そこには、多くの現代人が失って久しい物語さえ見出すことができます。つまり、懸命に推し活をすれば、推しの未来につながるワンピースとして、ともに成長物語を歩んできたという実感も持てるかもしれません。その規模は大きくはないものの、物語を共有できる同志たちも沢山います。

ともに成長するという意味では、推し活は、推しを育てる物語でもあります。横川氏は同書にて「僕たちの育てたい願望の裏側」について次のように語っています。

もしかしたら、僕たちの育てたい願望の裏側にあるのは、ただの自分の代理戦争なのかもしれません。だけど、それもわかったうえで力いっぱい推していきたい。だって、現実の世界は甘くなくて、ある日突然誰かが自分のがんばりを見つけて引き上げてくれることなんてそうそうない。全員にガラスの靴は用意されていないのです。
でも、もし推しが何かのきっかけでものすごく売れたら。人の夢に便乗していることは承知のうえで、それでもちょっとぐらいは自分のがんばりが報われた気がする。なんだか自分のこと以上に泣ける気がする。（中略）
自分の人生に大逆転劇なんて訪れないことくらいもうわかりきっていて、それでもこの世界はそんなに悪いものではないって信じさせてくれるのが推しだとしたら。推しがくれるものは、甘いときめきとか、疑似恋愛とかじゃなくて、もう一度本気で夢を見るための勇気なのかもしれません。

（横川良明『人類にとって「推し」とは何なのか、イケメン俳優オタクの僕が本気出して考えてみた』サンマーク出版、二〇二一年）

この引用文をしみじみと読んでみると、推し活とは、価値基準や物語を見いだせず、そして努力が実るという実感を持ちづらい現代に咲いた、綺麗で儚い花のように思えてきます。たとえ代理戦争だとしても、物語や努力の成果を提供してくれる存在なのかもしれません。

代理戦争という言葉は自虐的にも思えますが、むしろ私はポジティブに受け取りました。どれほど焦がれていようとも、結局は推しと自分とは他人であるという自意識がある限り、推し活が暴走する可能性は非常に低いからです。横川氏のように適切な距離感を保って推し活ができるのであれば、人類にとって「推し」とは、同氏が主張するように「もう一度本気で夢を見るための勇気」を提供する存在になり得ます。推しのおかげで、代理戦争ではなくて自分の戦いを始める人々もいるはずです。

ただし、この夢や物語を提供する「推し＝軽い神」は、伝統宗教における神とはまるで違い、容易に豹変します。成長物語と記せば聞こえはよいですが、それは良い方向にも悪い方向にも簡単に舵を切ってしまう、不安定な物語であることも確かです。推しのアイドルや声優に恋人の存在が発覚したり、不祥事を起こしてしまったり、なかには罪人になったりすることさえあります。そこまで極端ではなくても、売れるという目的が達成されてしまい物語が停滞し熱が冷めることもあるでしょう。いや、推しの変化だけでなくて、自分自身の年齢や環境の変化に伴い、推し活に熱中できなくなるかもしれません。没頭している最中、確たる価値基準を提供するものの、それが容易に壊れてしまうという意味では、神の前に「軽い」という枕詞がつくのは避けられません。

推しとの距離感が大事

推し活、スピリチュアル界隈、「陰謀論」界隈を見てつくづく思い知らされることは、多くの人間にとって規範は必要なのだという当然の事実です。そして、その絶対的な規範を提供してくれる神やカリスマ的存在もまた、強く求められるということです。これらをいくら壊したとしても、結局人はまた、代わりとなる何かを求めてしまうのでしょう。

そんななか、二つの問題が生じています。

一つ目が、狂信的な人々の存在です。原理主義者がいとも簡単に生み出されてしまう仕組みを、ネットが提供していることは疑いようがありません。

二つ目が、その反対に規範を無邪気に信じることができないという問題です。

かつて、神・伝統・規範を、疑う余地のない時代がありました。守らなくてはならないという意識があったというよりも、それは天地自然の理であるかのごとく自明のことであり、従わないなどという発想そのものが困難だったわけです。

時代は流れ、実は規範は壊せるという考えが芽生えます。人々は規範から自由になることで合理的な精神を手に入れたのです。そして今や、規範は壊せるという可能性の問題ではなく、積極的に壊し安楽を追求すべきという考えが力を持つに至りました。

ところが、規範は壊せるものだという自意識を持ち、そして実際に壊し続けた経験があるならば、新しくできた規範を無邪気に信じ続けるのは難しい。推し（≒神）ができたとしても、この神話もまた壊れるし、推し活は代理戦争に過ぎないと見なすように、新しい規範を冷笑的に捉えてしまうわけです。

この二つから見えてくるのは、新しい神や規範との付き合い方の問題です。狂信的になることなく、でも俯瞰的になりすぎて冷めることもなくというバランスを取るのは、そう簡単なことではありません。

そんななか、ニーチェは現代人に対し、永遠回帰の世界を直視せよとアドバイスを送ります。

永遠回帰とは、簡単に言えば全ては循環しているため、一度あったことは何度でも（永遠に）反復（回帰）するという世界観のことです。ただ、ニーチェの文章が明快とは言い難いために、各々の有識者により様々に解釈がなされており、その意味するところは判然としません。が、この永遠回帰は、現代日本の文脈にピッタリと当てはまるように思います。

たとえば親ガチャです。遺伝や環境に恵まれない人間は、何を何度やっても上手くいかないとする親ガチャの世界観は、極めて永遠回帰的です。これまで上手くいかなかったのは、遺伝や環境という動かしがたい原因のせいであり、それ故に今後も同じく上手くいかない日々が続くのだという認識です。これが一昔前であれば、自らの努力によって未来は変わるという世界観がもっと力を持っていたはずなので、今よりも永遠回帰の考え方を受け入れるのは難しかったように思います。

さて、それでは推し活はどうでしょうか。横川氏が話す通り、いかに充実した日々が送れるとはいえ、それは代理戦争に過ぎないのかもしれませんし、推しと結婚したり結ばれたりする可能性は限りなくゼロに近いでしょう。なかには、推しから裏切られてしまったり、急激に熱が冷めてしまったりすることもあるでしょう。永遠回帰のような世界観を当てはめるのがよいのかどうか、ちょっと悩ましいような気がします。

この件については、漫画『北斗の拳』に格好の具体例があります。

『北斗の拳』は、北斗神拳の継承者であるケンシロウが主人公です。荒れ果てた世紀末の救世主として、ライバルや悪者たちを拳法でやっつけていくというのが大筋のストーリーです。

ライバルの一人に、聖帝サウザーという男がいます。聖帝の名の通り「敵はすべて下郎」と言い放つ傍若無人な男ですが、ひょんなことから愛について語りだします。

サウザーにはお師さん（拳法の師匠）がいました。彼から深い愛情を受けた少年サウザーは、メキメキと拳法の腕を上げていったのですが、悲しいかな、その拳法は一子相伝であり、継承者となるためには師匠との対決が宿命づけられていたのです。

そして最終試験の日、目隠しをしたサウザーは、相手がお師さんだと知らぬまま倒してしまいます。そしてお師さんが死んでしまうと「こ…こんなに…こんなに悲しいのなら苦しいのなら………愛などいらぬ!!」と叫び、サウザーは愛を捨てた人生を歩みます。

しかし、サウザーは最後の最後で考えを改めます。愛のために戦おうと宣言したケンシロウに敗れたサウザーは「愛や情は哀しみしか生まぬ…なのになぜ哀しみを背負おうとする　なぜ苦しみを背負おうとする」と問います。愛が哀しみを生むという意味では、愛を背負って戦うこと即ち、哀しみを背負うことそのものであり、なんでそんな馬鹿げたことをするのか、という問いです。

それに対しケンシロウは「哀しみや苦しみだけではない　おまえもぬくもりをおぼえているはずだ」と返答します。そして何かに気づいたサウザーは、まるで子供のような顔つきになり、お師さんの亡骸を抱きしめて「お……お師さん…む…むかしのように…もう一度ぬくもりを…」と言いながら、静かに息を引き取ったのでした。

サウザーは、「愛情を受ける→深い哀しみを生む」というサイクルが無限に繰り返されるという永遠回帰的な世界観を有していました。そして何度も深く悲しみたくないサウザーは「愛などいらぬ」という考えを持つに至り、文字通り愛を捨ててきたわけです。

一方、ケンシロウはサウザーに返答したように、たとえ幾度となく循環し哀しみが生まれようとも、同時に深い愛情も得ていたことを重視します。仮にケンシロウが永遠回帰的な世界観を有していたとしても、サウザーとはまるで違い、進んで愛情を背負ったに違いありません。

推し活と永遠回帰

永遠回帰的に考える推し活もまた、どのような感想を抱くかによって日々が変わってきます。「推し活で生活が充実する→推しの喪失や裏切りにより悲しみを背負う」というサイクルのうち、前者と後者のどちらを重視するかによって、推し活に対する感じ方は随分と違ってくるわけです。

また、永遠回帰には、世俗から逸脱しないという特徴もあります。永遠回帰の世界観では今ある現実が循環するため、スピリチュアル界隈や「陰謀論」界隈のように超越的な世界に足を踏み入れることはないわけです。ここには、神を嫌ったニーチェによる、この現世をよりよく生きるべきという考えが反映されているように思います。

横川氏は、自身の推し活が代理戦争であるという辛い事実を直視します。自分の夢を委ねているだけであるし、推しの夢が叶ったところで、自分の人生に大逆転劇が起きないことも知っています。もちろん、推し活による充実と悲しみのサイクルだって重々承知のはずです。

それにもかかわらず、横川氏は推し活を続けます。きっと、推し活をすることで繰り返される悲しさや辛さよりも、同じように反復される喜びの方が大切であるし、大切にすべきだと認識しているからだと思います。狂信的にならず、かといって冷めすぎずという一つのバランスのあり様がここにはあります。

このバランスに関し、「厳しい現実」と「感想」をセットにして話を整理してみます。横川氏は、推し活は所詮代理戦争に過ぎないという「厳しい現実」を変更しようとするのではなく、推し活によって得られる充実に対してよりよき「感想」を抱く（変更する）という道を選びました。だから、いくら横川氏が熱心に推し活をしようとも、自身が有する世界観を社会や他者に強要する狂信者になることはないでしょう。

もちろん、自らの努力によって厳しい現実を変更できる強者もいますが、そうした展望が抱きにくくなってきたのは先述のとおりです。遺伝や環境に恵まれない人間は、何を何度やっても上手くいかないとする親ガチャの世界観が説得力を持ち、努力により現実を変更せよとする論は力を失っています。ほとんどの人は、「自分の人生に大逆転劇なんて訪れないことくらいもうわかりきってい」るのです。

一方、現実を受け入れたうえで「推し活」をする人々とは対照的に、偏狭なネット上のコミュニティには、努力とは違う方法で現実を変えようとする人々もいます。彼らは「厳しい現実」を「こうありたいと思い描く現実」に勝手に変換したうえに妄信してしまい、それによって自ずと生じる素晴らしい「感想」を抱いています。

「推しが結婚してしまった」「自分の支持する大統領は選挙に負けた」という望まない現実を「相手に洗脳されて推しは結婚した」「闇の政府による不正選挙により負けた」といったように脳内修正してしまうことで、心地よい感想を抱くというわけです。しかも、この書き換えをアシストする仕組みがネット上には満ち満ちているので、自らの脳内で修正された現実を真実だと認識するのは容易です。こうした現実と感想の転倒が、先述した世界観の強要に繋がってしまうのは論を俟たないでしょう。

永遠回帰は、反復される今を肯定する思想です。人々を代わり映えしない現実に張り付けるものであり、親ガチャを是認するかのような厳しい世界観でもあります。でも、この決してバラ色ではない思想を受け入れ、そして横川氏のように考えることができれば、遠くの世界に旅立たずともよいはずです。

スピリチュアル界隈や「陰謀論」界隈だけでなく、ネット上には世俗の常識や感覚から著しく乖離した界隈があちこちにあります。その界隈の規範を内面化することで文字通り人格が変わり、まるで世俗と関係が築けなくなってしまうリスクがあるわけです。「陰謀論」により人間関係が崩壊したという事例を、実際に見聞きしたり体験したりする人々も決して珍しくない今、現実に自分を張り付ける重石《おもし》としての永遠回帰には、今日的な意味があると確信します。

やっぱり主人公になりたい人は

推しとの適切な距離感を維持するうえで、先述した永遠回帰の世界観は大変に示唆的だと思います。たとえ代理戦争でも、それを真正面から肯定することができるようになるからです。

一方、それでも代理戦争では納得のいかない方々もいるはずです。そして、そんな場合においても、ニーチェからヒントを得ることができます。

横川氏は推しに対し「絶対不変の最強のものさし」と表現しました。でも、そんなに最強のモノサシが必要であれば、それは何も推しである必要はありません。自分自身が最強のモノサシになることで、自分なりの規範を創出すればよいはずです。

映画『カイジ 人生逆転ゲーム』の原作者として知られる福本伸行氏による、『最強伝

説 黒沢』という知る人ぞ知る漫画があります。

本書に即して紹介すると、この作品は「代理戦争の否定」と「実存主義」がテーマです。実存主義とは、価値基準・規範のような目に見えない大切なもの（本質）は最初から用意されているのではなくて、実際に存在している私（実存）が作ったり発見したりするものだ、という立場です。最初から敷かれたレールのうえを歩むような人生ではなく、自分の手で切り開いてこそ人生だと考えるわけです。

『最強伝説 黒沢』では、主人公である四十四歳の土木作業員・黒沢が、実存主義者たらんと奮起します。

キッカケは、二〇〇二年に開催されたワールドカップでした。同僚とともに熱狂しながら観戦するものの、黒沢は唐突に「感動などないっ…！」「他人事じゃないか…！」と思えてしまいます。この感動の主役はサッカー選手であり、ただ視聴している自分では決してないという感想が強まっていき、どうしようもない虚しさを覚えたのです。表面上、誰よりも感動し騒いでいるように見えた黒沢でしたが、それに反してどんどん胸の奥が冷えていくのを感じてしまいます。

黒沢は、うだつの上がらない男です。高校を卒業してから二十六年間、何となく仕事を続けてきた彼には、年齢以外に何かを得たという実感がまるでありません。そんな目標なき日々について彼は「まるで塗り絵…カレンダーの四角いマスを、ただ漫然と塗りつぶしていく……」と自虐的に表現します。胸に去来する悲観的な考えや感情は一向に止まりません。

こうした不安を吐露できる太郎という相棒も、いるにはいます。が、彼は人間ではありません。太郎は、深夜の道路工事現場で見かける交通整理をする人形です。人形だけが、黒沢が本音を話せる存在だったのです。

ワールドカップを視聴し何かに気付いてしまった黒沢は、太郎に思いのたけをぶつけます。

「でも太郎…オレ…最近変なんだよ…胸苦しくなるんだ…時々……ハァハァ…ドキドキ……ヘタをすると…クラクラしてくる…！　淋しさで…！」「いいのか…？（中略）こんな生き方で…！　ううっ…！　分かんねぇ…！　オレには分かんねぇ…！　みんな……本当にどうしてるんだ……？」

黒沢が、ボロボロ涙を流しながら道路にヘタりこんでしまったところで、第一話は終わります。そして次話以降、サッカー選手に自分を投影し感動するという代理戦争の立場を明確に否定した黒沢による奮闘が始まるのです。

どうにもこうにも上手くいかず悪戦苦闘はするし、この物語の終わり方は決して綺麗なものではありません。それどころか、果たしてハッピーエンドなのかさえ怪しいものです。

しかし、まぎれもなく、この物語の主人公は黒沢でした。自分自身を最強のモノサシとすべく、彼はその規範のあり様を人生のなかで徐々に明確にしていったわけです。

現代風に言えば、親ガチャで外れを引いた才に恵まれない黒沢にとって、この世はあまりにも強大であり、とても太刀打ちできるものではありません。夢はあっても叶ったことはなく、「じわじわ圧死していくみたいな日々」が続きました。代理戦争を否定し、自分が主役である物語を歩みはしましたが、結局何かをなしえたわけでもありませんでした。それでも黒沢は「オレにすりゃあ上出来」と感想を残して、自分が主役となった物語の幕を閉ざします。

「人生は暇つぶし」思想の行きつく先

実存主義者として立ち上がるまでの黒沢は、生きる意味や目的を持たず、漫然と日々を生きていました。あらゆる「～べき」のない人生という意味で、その日々は大変に軽いものでしたが、黒沢は四十四歳にして末人思想を否定しました。自分の人生の軽さに耐えられなくなったのです。

ここに、この思想の危うさを垣間見ることができます。

あらゆる規範を捨てていき、安楽を追求した生き方をすればするほど人生は軽くなります。規範より安楽を優先して生きるのですから、そうならざるを得ません。

ひろゆき氏のように「人生は暇つぶし」と割り切り、どこまでも軽さに耐えられるのであれば、それはそれでよいと思います。新たな規範を求め、界隈を探す必要もありません。ですが、もし黒沢のように軽さに耐える資質を欠いているのであれば、次々と規範を消してしまうのは相当にリスキーです。この思想を身にまとい日々を過ごせば過ごすほど人生が軽くなっていき、いつの日か軽さに耐えられなくなる可能性が高いためです。

そんな末人に対し、ニーチェは超人たれと主張します。

先述した永遠回帰を受け入れる人間もまた、超人に対する一つの解釈です。または、神や規範が壊れてもなお、末人以外の生き方をするためのヒントと考えてもよいと思います。

しかし、この親ガチャの是認を推奨するような思想は、受け入れるのが難しい。この今が恵まれている強者だからこそ、受け入れやすい世界観ではと批難されても仕方がありません。そして何よりも、今の自分を変えたいという、当然の願いを否定しているようでもあります。偏狭なネットの界隈に染まらないための処方箋として有効であるものの、永遠回帰に拒否反応を示す人々は少なくないでしょう。

そんななか、超人にはもう一つの解釈があります。それは、自分自身が最強のモノサシとなり、次から次へと価値基準を作ればよいとするものです。まるで神の代わりに規範を創出せよという考え方で、それこそ途方もなく難しいことのようにも感じますが、必ずしもそうではないようです。今まさに、不当な攻撃を受け続けている「感想」を大事にさえすれば、この意味での超人になる道筋も十分に見えてきます。

次章にて、そんな感想が持つ可能性について記述しながら、この件について考えていきたいと思います。

コンプライアンスが破壊するもの

本章の最後に、規範と似た言葉であるコンプライアンスに触れておきます。

コンプライアンスは、一般的に法令遵守を意味します。国家だけでなく、企業もまた法の精神に則ることで、個人の人権や尊厳を保障するわけです。規範と同じようにルールなので、両者はほぼ同一視したくもなります。

しかし、コンプライアンスと規範はまるで別物です。なぜならば、コンプライアンスは共同体の内外を峻別しないからです。外でも内でも通用する法によって統治しようという考えであり、似ているどころか水と油と表記しても差し支えありません。

だから、コンプライアンスと相性がよい社会は、企業が共同体の役割を果たしていない場合です。このとき、経済合理性により企業の社員は頻繁に入れ替わるわけなので、規範ではなくコンプライアンスで統治しないとマズイとも言えます。

他方、これは本当に法の精神なのだろうかと首をかしげてしまうケースも散見されます。たとえば、テレビにおけるコンプライアンスでは、法というよりも視聴者、とくにSNSのユーザーが立法者かのような役割を果たしているようです。

二〇二四年一月から放送されたドラマ『不適切にもほどがある！』は、そんなコンプライアンスにがんじがらめにされる令和の今を、コミカルかつシニカルに描いた話題作です。典型的な昭和のオヤジが現在にタイムスリップしドタバタ劇を繰り広げるなか、昭和と令和が面白おかしく比較されていきます。

昭和と令和のテレビ番組が対比された第三話は、とりわけ皮肉と問題提起で満ちています。山城新伍がモデルと思しき司会者による、現在では考えられない不適切なワード・企画を連発する深夜番組が放送される一方、令和のワイドショーではコンプライアンスに右往左往する様子が描かれるのです。

たとえば、ワイドショーの司会者に対する細かい注文です。「チョコを渡す相手はいるのかな?」「髪切った?」という、現代ではセクハラに該当してしまう女性タレントへの言葉に対してのみならず、その独特の言い回しが下ネタに聞こえるとして、プロデューサーが司会者に謝罪を指示するのです。が、これはプロデューサーがSNSの炎上を過剰に気にした結果であり、ここに個人の尊厳に対する意識は毛ほども見られません。現場に残されたのは人権や尊厳というよりも、息苦しさばかりであるという実情が表現されていて、テレビの内情を知る人々による作品だけあって説得力があります。

その一方、令和の今から見れば問題だらけの昭和の司会者は、方々への細かな気配りを欠かしません。いかがなものかと思う外形的な表現・行為はあるものの、その精神は個々人に対する愛情で満ちています。同番組は、安易な昭和賛美のドラマではありませんが、コンプライアンスに関し「仏作って魂入れず」を象徴する令和のプロデューサーと、その反対を生きる昭和の大物司会者との比較は、現代に対し一石を投じるものでした。

さて、コンプライアンスは内外を峻別しないルールなので、その力は共同体を壊す方向に作用します。ここに、形だけのコンプライアンスにより息苦しさが充満してしまえば、ますます居場所としての共同体は機能しなくなるでしょう。コンプライアンスの必要性もまた明白なので、この状況が当分のあいだ続くことは想像に難くありません。

そんななか、ネット上にはコンプライアンスのコの字もありません。非常識どころか反社会性を帯びた規範でさえ、ほぼ制限なくルールとすることができるため、内外を峻別する共同体ができやすい環境が整っているわけです。人々がその界隈に吸い寄せられていくのも無理はありません。

第３章　感想を復権する

そのデータ、本当に読み解けますか

どうにもこうにも違和感を禁じ得ません。大変に失礼なことを承知で申し上げれば、使いこなせない武器を有難がり、使えるものと勘違いしているように思えてならないからです。果たして、私たち現代人にとって、論理やデータは手足のように使いこなせる代物なのでしょうか。私自身、きちんと使えている自信がありません。

小学校までに三割、中学校までに五割、高校までに七割が学校の勉強についていけなくなるとする、「教育七五三」という造語があります。高校二年までの数学をきちんと理解できず脱落していく生徒の割合もまた、七割から遠く離れていないでしょうし、高校三年で習う数学Ⅲまで含めてしまえば、七割では済まないのは明らかです。高校生の時点でもこのような状況ですから、大人になってからも高校数学の知識を使いこなせている人々は、どう高く見積もっても過半数に達しそうにありません。

中学・高校で学べる論理学・確率論・統計学が抜け落ちたまま論理やデータを読み解くのは、かなり厳しいように思います。論理やデータを使いこなすための必要条件に過ぎない高校数学をきちんと理解できずにいる人々が相当数いるなか、どうしてこうも論理やデータが重んじられてしまうのか不思議でなりません。論理やデータの地位がかつてないほど高まった現代、そこには自ずと「現代人は論理やデータを十分に使いこなせる／使えるようになるべきだ」という認識なり条件も生じそうですが、それは人間に対する過大評価／過剰要求です。

データを読み解く以前に、そのデータがまともであるかどうかを判定する必要もあります。社会学者の谷岡一郎氏は『「社会調査」のウソ』（文春新書）にて、「社会調査を研究してきた者として言わせてもらえば、社会調査の過半数は『ゴミ』である」と辛辣に述べたうえで、〈Garbage In, Garbage Out.〉という言葉を紹介しています。これは、集めたデータがゴミならば、そこから分析され導かれる結論もまたゴミであるという意味です。

私には「社会調査の過半数はゴミだ」という、非常に強い表現は使えません。しかし、教育分野に限ってしまえば「ゴミのような調査が山積している」とは言えます。

お気持ち論理学の危険性

拙著『デジタル教育という幻想』（平凡社新書）を書くため、ＩＣＴ教育に関する議事録を読み漁っていたときのことです。大学入学共通テストに記述試験の導入を試みた改革でもそうでしたが（結局、支離滅裂な議論の末に導入を見送り）、今回もゴミのようなデータが会議に提出され、それに対し誰も異論を唱えることなく議論が進むというお馴染みの散々な様子が展開されゲンナリしていました。

そのなかでも特に、タブレット端末に関するデータはひどいものでした。

たとえば、『個別最適な学びと協働的な学びの一体的な充実に向けた学校教育の在り方に関する特別部会（第２回）』では、令和４年度全国学力・学習状況調査における児童の回答結果がまとめられています。同会議では、学校でのＩＣＴの活用は抑制的であるものの、生徒たちはＩＣＴ機器の効果を実感しているため積極活用するべきだとする論が展開されました。

このデータと主張を目にしたとき、恐縮ながら本気で言っているのだろうかと心配になりました。なにせ、これは中学生でさえ、こんな調査は馬鹿げていると即断できるものだからです。

この議事録を読む数か月前のことです。授業の合間、何気なく中学生と雑談をしていると「この間アンケートがあって、タブレットを使った授業は充実していますかみたいな質問があったんですけど、授業中にタブレットで遊びたいんだから充実しているって答えるに決まってますよね、これ作った人バカなんですか？」と質問を受けてしまいました。今日の教育現場では、授業中、先生に隠れてタブレット端末で遊び倒す生徒が沢山いるのです。

私は困りました。決して褒められた口ぶりではないものの、この疑問は至極真っ当であるとしか言えなかったからです。この中学生の言う通り、こんな調査をしても信憑性のないゴミしか生みません。そしてこのゴミを前提として議論を進めれば、更なるゴミが方々に拡散するのみであり、実際に拡散してしまったうえに誰も掃除しようともしません。いや、正確には掃除をする人がいても、てんで追い付かないのです。

掃除をする、つまり影響力を持ってしまったゴミの間違いを正すという作業は重要であるものの、なかなか注目を集めることはありません。皮肉なことに、その調査がゴミであればあるほどセンセーショナルな極論が提示されがちであり、しかも客観性・論理性が装われることで信憑性が生まれるのに対し、掃除はただ単に地味だからです。時流に乗ってゴミが脚光を浴びたとすれば、そこからタイムラグがあって掃除が始まりますから、その仕事は旬を逃していることも関係しているでしょう。

その他にも、ゴミのような調査は沢山あります。経年調査すらせずに学力が低下しているとする論を導く奇天烈なもの、参加国が増えていることを考慮せず順位の絶対値が下がったことをもって学力低下という結論を導く奇怪な主張、統計学的な見地をまるで無視した統計学的なエビデンスという矛盾の塊、しれっと中学入試レベルの問題を混ぜて正答率を下げ「大学生は分数ができない」という極論を恣意的に導くもの等々、枚挙にいとまがありません。そしてなによりも、これらのゴミとしか言いようのない調査を知識階級に属する人々が実施し、しかも同じく知識階級に属する人々が賛同している姿をこれでもかと目の当たりにすると、人間が論理やデータを使いこなすのは難しいどころか、無謀なのではないかと思えてなりません。

論理やデータは大切です。職業柄、私自身も重視せざるを得ない方だとは思います。

しかし、その取扱いは難しいため全幅の信頼を置くことは全くできていません。教育分野であれば、現場で働いているうえに一定量の書籍・論考・データを読んできましたので、どの調査がゴミであるのか、おおよそは見当がつきます。しかし、これが門外漢の領域であればまるで自信がないのです。その分野に関する基礎知識・内部事情・現場のあり様等々を知らないと、いくら理数系の知識を駆使したところで、信頼に足るデータか否かを判定するのは困難を極めます。

今、ネットにアクセスすれば無数のデータを得ることができますが、そこには有象無象のゴミが山積しています。そんななか、どれがゴミなのかを判定困難な現代人がアクセスすれば、「自分が信じたいデータだけを信じる」という、実証性・客観性・論理性から遠く離れた振る舞いをしてしまうリスクが非常に高くなります。しかも、そのデータがゴミである可能性に無頓着であれば、導かれた結論の杜撰さと反比例するように、その結論はあたかも信憑性の高いものに感じられてしまうことでしょう。使えない武器を振り回した結果、自分の身体が傷だらけになってしまい、しかもその傷に気付いていないという状況です。

ロジカル過ぎてバカにされる小泉構文

使いこなすのが難しいのはデータだけではなく、論理もまた同じです。それどころか、日常生活における論理的な正しさとは、「論理的に感じるかどうか」という感想の問題ではないかとさえ思えてなりません。

さて、小泉構文なるものがネットを賑わせています。意地の悪いネットユーザーたちが、小泉進次郎氏の発言を揶揄すべく語録集をつくっているのです。「今のままではいけないと思います。だからこそ日本は今のままではいけないと思っている」「リモートワークができたのはリモートワークのおかげ」といったように、ごくごく当たり前の発言をする彼をあざ笑っているわけです。が、この小泉構文は、論理的に正しいとしか言いようがありません。同じ意味である二つの文章を繋げているからです（後述するように、当たり前にすぎる小泉構文でさえも、実は普遍的に正しい論理だとは言えないのですが）。

一方、「相手が自分よりも大きければ、ライオンは狩りをしない。裏返せば、相手が自分よりも大きくないならば、ライオンは狩りをする」は、たとえその内容が正しくても、論理的だとは言えません。「大きい」を「大きくない」に、そして「狩りをしない」を「狩りをする」に裏返してできる後者（の文章）は、たとえ裏返す前の前者が正しくても、常に正しくなるとは全く限らないからです。私自身、たまに「裏返すと」という言葉を、さも論理的なものかのように使っているような気もしますが、本当はマズイのです。

前者が正しいとき、後者もまた常に正しくなるのは対偶の関係にあるときです。たとえば「『相手が自分よりも大きい』ならば『ライオンは狩りをしない』」の対偶が「『ライオンが狩りをする』ならば『相手は自分よりも大きくない』」です。裏返したうえに前後関係を逆にしたとき、前者と後者の真偽は一致するわけです。

しかし、この対偶はちょっとややこしいので「裏返すと」という言葉とは違い、日常的に使われる機会がほとんどありません。そして論理的であるはずのない「裏返すと」は、さも論理的であるかのように使われています。そうかといって、小泉構文は確かに論理的ではあるものの、当たり前すぎるので、構文としての有用性はあまりないでしょう。

理不尽な留年通知のナゾ

既に相当ややこしい話になってきましたが、最後に一例だけ不思議な例を紹介しておきます。

学校の先生が「『赤点を取った』ならば『タケシ君は留年する』」と宣言したとします。そして、この言葉に奮起したタケシ君は猛勉強の末、見事に百点満点を獲得しました。ところが、タケシ君に届いたのは留年の通知でした。しかも、古典論理学の判定によれば、この先生の言葉は「真」になるのです。

先生は「赤点を取ったら留年だ」としか言っていません。「赤点を取らなかったら絶対に留年を回避できる」と宣言していないので、先生の発言が「偽」とは断言できないのです。または「赤点を取らなかった場合については、何も約束をしていない」と考えてもよいです。そして偽ではないならば、自動的に真とするしかなさそうです。

そうは言っても、やはり狐につままれた感は否めません。先生の警告は真だったというよりは、ペテン師による詐術であると考えた方がしっくりきます。こんなことが実際にあったら、怒髪天を衝く形相のタケシ君が猛抗議をするに違いありません。なお、この論理に関する話は、よほど承服しかねる方々が多いようで、受験生を対象とした参考書どころか、大人向けの論理学に関する本にさえ登場します。それらの本では、各々の著者があの手この手で読者を納得させるべく、工夫をこらした解説がなされています。

そんな解説たちを参考にしながら、なるべく平易且つ粗雑になりすぎないよう説明するため、次の二つのポイントをあげたいと思います。

一つ目が、真か偽のどちらかに分類しなくてはならないというルールです。主流であり、大多数の数学にも採用されている古典論理学では、「真とも偽とも言えない」という選択肢は許されないわけです。

二つ目が、「まちがいでなければ正しい」という考え方です。数学者の足立恒雄氏は著書『無限の果てに何があるか』（角川ソフィア文庫）にて、また別の不可解な具体例を示しながら、この考え方を「数学における基本思想である」と述べます。先ほどのタケシ君に留年を言い渡した先生の事例は、まさに「まちがいでない」ので真（正しい）となったと考えればよいわけです。

「基本」思想とあるように精緻なものではないとする批判もあるでしょうが、大づかみに理解するためには便利な考え方のように思います。なお、この件について厳密に考えたい場合は、科学哲学者の戸田山和久氏による『論理学をつくる』（名古屋大学出版会）をご参照ください。ただし、週刊誌と同じB5判サイズで四百ページを超える大著であり、手軽に読めるものではないことを付言しておきます。

　さて、突き放して考えてみれば、ここで記したルールは論理なき規範なので、どうして守らなくてはならないのかと問われても「そう決まっているからです」としか返答のしようがありません。かつて学校で、当然のように守られていた校則のようなものです。

　一方、これは単なるルールに過ぎないことも確かなので、他のルールに置き換えることもできます。たとえば、真・偽のどちらでもない第三の選択肢を加えることもできます。現に、この第三の選択肢を入れた多値論理学のように、主流派ではないものの数多くの論理学が提唱されています。そもそも、そんなに簡単に真・偽に分類できるわけがないので、第三の選択肢を加えた方がよいようにさえ思います。

　ところが、新たなルールを設定すると、とても厄介なことが起きます。大前提であるルールが変わることで、論理学全体もまた変貌を遂げてしまうのです。

　たとえば、こうして出来上がった論理学のなかには、先述した対偶に関する特徴が成立しないものもあります。この特徴は小泉構文とまではいかないものの、人間の感覚からしても十分に論理的であると感じられるものです。そんな当然の感覚が否定されてしまっては、また違った違和感が発生するのは明白でしょう。

　残念ながら、人間が違和感を覚えることのない緻密な論理学を作るのは不可能なようです。私たちが使用している自然言語は古今東西で意味が揺れ動く不安定で曖昧なものなので、論理について厳密に記述するのには不向きです。だから論理学では、意味が揺れ動かない人工言語が活躍するのですが、その結果として私たちが持っている言語感覚とは不可避的にズレが生じてしまいます。

こうした具体例が指し示すのは、「論理的な正しさ」とは、非論理的なルールによって姿を変えてしまうという、身も蓋もないような結論です。無論、その論理における非論理的なルールは論理学の世界だけでなく、各国・各共同体・各界隈のあり様によって変わるでしょうから、それぞれにとって正しい論理がありうることも意味します（後述するように、実際にあります）。こうしてみると、現代人が重視する「論理的な正しさ」の地位が、足元からぐらつくように感じられるのは私だけでしょうか。

賞味期限切れかけの議論モデル

ここまで本章では、データや論理が抱える難点について、そのほんの一端を紹介してきました。かつてないほど、論理・データ・客観性といった言葉が重要になれば、必然的にそれらの精度は高まり、私たちはよりよき思考や議論ができそうなものですが、どうも現実は違うようです。

このことは、イギリスの哲学者・トゥールミンが提唱した議論モデルを参照すれば分かりやすいと思います。

最も単純なトゥールミンの議論モデルは、①事実②理由付け（論拠）③主張の三つから構成されます。例えば、①死刑廃止を決めた地域にて、著しい犯罪率の増加は見られない（事実）→②各地域がそうであるならば、日本も同様だろうから（理由付け）→③日本で死刑を廃止しても犯罪率は著しく増えないだろう（主張）となります。

このモデルから、議論や対話のあり方を簡単に説明できます。まず、①普遍的な事実を前提として共有すること。次に、論理を用いて②理由付けをし、③主張を導くということです。基本的に、こうした主張により展開される議論のあり方は未だに正しいと思います。

しかし、残念ながら賞味期限が切れかけています。このモデルがまるで妥当しないケースが目立つようになってきたからです。後述しますが、不特定多数の人々と普遍的な事実を共有するのが困難を極めるような場面があちこちで確認できます。

既存の議論モデルの賞味期限が切れかけているということは、新しい議論モデルが受け入れられる萌芽があるということです。歴史を鑑みると、そんな新しい考え方が、数学からやってくることが少なくありません。

現代人にとって当たり前の存在である負の数もまた、ようやく社会に受け入れられた新しい考えの一つです。負の数がそうであるように、私たちの身近には、時代の変化によって、ようやく社会に定着した数学的な考え方があちこちにあります。

さて、「0から4を引けば0である」と聞けば、何をバカなことを言っているのかと誰しもが思うはずです。その答えはマイナス4に決まっているだろうと、何の違和感もなく正答を導くに違いありません。

ところが、この言葉を発したのは、早熟の天才だったフランスの哲学者・数学者・物理学者であるパスカルなのです。もちろん、この発言は哲学的なニュアンスのある深遠な言葉ではなくて、文字通りの意味で彼は使用しています。当時の欧州では、負の数は認めがたい存在だったわけです。

一六二三年生まれのパスカルにまつわる有名なエピソードと言えば、1からnまでの和がn（n+1）/2であると、十歳に達する前に証明してしまった件でしょう。その年ごろの日本の小学生といえば、やっとわり算を習い始めたくらいの状況ですから、まさに桁違いの神童ぶりです。また、十六歳の頃には円錐曲線に関する定理を証明していますが、こちらもまた、その卓抜した能力を十二分に示す逸話だと言えます。「０から４を引けば０である」などと考えていたとは、にわかには信じがたいものがあります。

一方、そんな天才がイメージできなかった負の数は、今や一定の資質を持った子供であれば、何ら教えることなく勝手に理解してしまいます。

まだ、負の数を含んだ計算を習っていない生徒に対し、何も教えずに問題を解かせることがあります。この生徒なら、たぶん教わっていなくても計算してしまうだろうなと思えたとき、とりあえず「普通に考えてやってみて」と指示してみるわけです。そして案の定、そんな指示を受けた生徒たちは平然と解いてみせます。解けた理由を尋ねてみると「なんか普通に」とか「何となく」みたいな感じです。彼らの頭脳には、ごく自然にマイナスの概念が刷り込まれているようです。

たしかに、習ってもいないのに解けた生徒は優秀でした。後に進学校や難関大に合格する生徒が多かったと記憶しています。でも、さすがに早熟の天才・パスカルには遠く及びません。天気予報などでマイナスという言葉に接していたとはいえ、その概念をスムーズに理解できた生徒と、頑なに否定し続けたパスカルたちとの間には、明らかな断絶があります。

この違いをもたらした原因を、簡単に述べることはできません。欧州における数学の歴史や、当時の社会のあり様等々が複雑に入り組んだ結果だからです。

ただ、このことはほぼ確実に言えます。数学の世界だけで受け入れられてきた考えが、時を経て現実でも定着した実例が沢山あること。そして、社会のあり様や人々の意識が変化することで、新しい数学の考えを受け入れる土壌が育つということです。

この土壌に必要なピースは、新しい世代と感覚にあると考えます。このうち感覚とは「ありありと実感できる」や「皮膚感覚で理解できる」といった感触のことです。

そして、そんな準備ができつつある今、現代社会はようやく、十九世紀以降の数学を受け入れるチャンスが到来しているように思います。

「普遍から普遍」ではなく「仮定から限定」へ

今まで議論においては、普遍的な事実から出発し、普遍的な結論の導出を目的にすることが多かったと思います。「普遍から普遍」に至る議論です。

一方、十九世紀以降の数学は「仮定から限定」に至る議論だと言えます（その時期については色々な考え方があると思いますが、十九世紀前半に非ユークリッド幾何学が発見され、公理が真理ではなくなったことをもって「十九世紀以降の数学」とします）。普遍的な前提の代わりに、とりあえず正しいと見なす仮定（公理）を置き、そして特定の論理的な正しさ（推論規則）を選択したうえで、その仮定と論理の下に限定された結論を導くわけです。仮定、結論、そして両者を結ぶ論理という繋ぎ目のどこを探しても、普遍という文字は見当たりません。そして現代社会においても、この普遍性は存亡の危機に瀕しています。

たとえば、前提の共有です。「陰謀論」を唱える人々が身近に出現しうるという事態は、そのことを如実に表しています。

彼らと事実の共有を試みるものの、全く上手くいかなかったという経験を持つ方々は決して少なくありません。そんな方々による生々しい肉声は、各メディアによる特集、ネット上で話題を呼んだ体験談、その書籍化である『母親を陰謀論で失った』（ＫＡＤＯＫＡＷＡ）等々で報告されており、誰にでも身近に起こり得る事態だという認識が広がっています。

いや、そんなことはない。科学的なデータに基づいた事実を積み重ねればよいと考える方もいらっしゃるでしょうが、それは極めて難しいのが実情です。そもそも、仮に論破でもしようものなら更に意固地になる可能性が非常に高く、逆効果でしかありません。来るべき再戦に備え、今度は論破されまいと膨大な時間をかけて理論武装するのが目に見えています。しかも、そんな理論武装が偏狭な界隈でなされる以上、彼らが更に世俗から離れてしまうのは必定です。

そこまで極端な例でなくても、新型コロナ禍で生じたインフォデミックもまた、普遍的な事実の共有の難しさを十分に示す事例です。数多のデータが目に飛び込んでくるものの、それらを正確に読み解くのは極めて困難であるため、結局は信じたい情報を信じるという、ポスト・トゥルースの様相が不可避的に生じてしまいます。各々が信じたい情報を信じるという状況になれば、普遍的な事実の共有が不可能になるのは論を俟ちません。これもまた、身近なレベルで起きた事象であり、多くの人々が実感してきたことでもあります。

匂わせ炎上に見る「灰色は黒」の感覚

実は、ここには権威や規範の崩壊が密接に関わっています。もし、大多数の人々が平伏する権威があるならば、そこから発せられる情報が速やかに前提として共有されるからです。今、そんな権威が少ないために、人々は自力で情報の信憑性を検証する必要に迫られているのですが、それは現代人に対する過剰な要求でしょう。いや、信頼できる権威さえも界隈ごとに細分化されたため、新たな権威を自力で探すという難題に直面していると表現した方が正確かもしれません。

論理的な主張だって、かなりの難があります。先述したとおり、論理学の世界では、非論理的なルールによって、「論理的な正しさ」は姿を変えてしまいます。

論理学の世界だけでなく、それぞれの国・地域によって論理の形が違うという考察も、これまでなされてきました。たとえば、社会学者の渡邉雅子氏による『「論理的思考」の社会的構築』（岩波書店）では、日米仏における「論理的な正しさ」が異なる原因を作文教育に求めたうえで、三者の違いについて論じられています。日本では論理的と見なされるのであろう論文が、アメリカではまるで通用しなかったという著者の実体験に端を発しており、大変に説得力のある考察が展開されています。

しかし、論理学や日米仏における論理の違いに関する話は、身近なものだとは決して言えません。自分とは縁のない遠い世界の話であり、たとえこの事実を知ったとして、ありありとした感触を得ることは困難です。いくら論理学的には正しいのだと熱心に説かれても、まるで実感ができないのであれば人々は受け入れないのが常です。

ところが、ここにきて状況が変わってきました。今や、私たちとは明らかに異なる論理を持つ人々、たとえば誹謗中傷を繰り返す人々がＳＮＳで可視化され、ありありとその存在を実感できる時代です。誹謗中傷が常態化している界隈が、人知れずネットの片隅に存在していた時代とはまるで違い、見たくなくても視界に入ってしまうのです。なかには、友人・知人がネット上にて、誹謗中傷を飛ばす怪物と化していたという悲しい経験を持つ方々もいらっしゃると思いますが、これも可視化されすぎた結果です。

たとえば、第2章で紹介した『好き嫌い.com』のような、誹謗中傷が常態化しているような界隈です。この世界では、「まちがいでなければ正しい（灰色は白）」ではなくて、極道の世界と同様に「灰色は黒」が論理的に正しいこととされています。

このことは、芸能人による「匂わせ投稿」に関する具体例が分かりやすいと思います。まだ公表していない恋人の存在を匂わせるかのような、意味深な投稿のことです。料理の分量が二人分であったとか、地面に映った影が男性のそれに見えるとか、恋人へのメッセージと思しき文言があったとか、噂される相手と同じようなアクセサリーを身に着けていたとか、その内容は実に様々です。

その程度の違いはあれども、どれもこれもが灰色であって、何ら確たる証拠はありません。なかには、それは単なる難癖というか、たくましい想像力の産物ではと思えるものも多数混ざっており、灰色認定される側はたまったものではありません。

誹謗中傷でまみれている界隈には、特定の芸能人を毛嫌いする人々が集っています。そんな多数の人々が、膨大な時間・労力をかけ、まるで探偵のように投稿をチェックすれば、膨大な灰色が見つかるに決まっています。しかも、そんな数多の灰色が界隈に集結し疑惑が深まるわけなので、「灰色は黒になる」のが、ごくごく当然のように感じられるのも無理はありません。結果、その界隈で形成された当たり前の感覚は「灰色は黒」という規範を生み出すのでしょう。または、そんな感覚を有した時点で「灰色は黒」という規範が内面化されたと見なしてもよいと思います。

灰色は黒という論理が正しいならば、灰色と見なされた時点で罪人であると決まります。だから、罪人と見なされた側が無実を証明しなければ、いつまでたっても罪人のままです。実際、これは誹謗中傷する側がよく使う論理でもあります。「潔白を示せばよいだけ」「疑惑に答えないのは黒である証拠」「疑われるようなことをするのが悪い」等々、その実例は山ほどあります。

大変に厄介なのは、「灰色は黒」というルールを設定しても、それはそれで論理（学）が構築できてしまうことです。推定無罪（＝灰色は白）の原則を持つ私たちと彼らを隔てているのは、論理的か非論理的かの違いではなくて、有しているルールの違いにあるということです。または、内面化している規範が異なると言ってもよいです。彼らの立場からすれば論理的な正論であるために、彼らを論理的に説得するのは困難を極めます。

子供たちにとっても、この誹謗中傷を繰り返す怪物は身近に感じられる存在です。たとえば、中高生から高い人気を得ている『今日、好きになりました。』シリーズのような恋愛リアリティー番組では、しばしば出演者に対しSNS上で誹謗中傷が殺到します。『バチェラー・ジャパン』シリーズのような、大人が視聴するリアリティー番組とほぼ同じ様相を呈しているので、番組と誹謗中傷の内容は何となく想像がつくと思います。「（加工された）SNS上の写真とは全然顔が違って不細工」等ただの難癖の類から、「（番組で成立した）カップルが別れたのはおまえのせいだ」「この場面でこんなことを言うなんて性格が悪いに違いない」等々、番組の演出によって切り抜かれたたった一場面の印象から安易な判断を下し批判するものまで、その内容は多岐にわたります。まるで論理が異なる理解不能に思える人々は、理屈のうえではなく実感として存在しているわけです。

こうなると、「普遍から普遍」に至る議論にもまた、疑いの目を向けずにはいられません。普遍的な事実を共有し、皆が納得する論理を展開し結論を導くという道筋は、ただの絵空事に感じられてしまうのです。そしてそれは、議論は無駄だという認識が広がりかねないという、大変に暗い未来を予見するものでもあります。

しかし、そんな実感の広がりは新しい議論のあり方を取り入れるチャンスでもあります。少なくともZ世代からすれば、この新しい形に然したる違和感はないと推察します。それというのも、新しい議論の形はZ世代が有する世界観と大変に似ているからです。

Z世代が昭和に憧れる理由

多様性の時代だとよく言いますが、それは生徒と接していると大いに実感できます。象徴的なのが、流行の喪失です。みんなで夢中になれるものが、本当に少ないのです。数少ない例外と言えば、二〇二三年のＷＢＣ決勝でしょうか。クラスのほぼ全員が、授業中にタブレットで視聴していたという事例が幾つか確認できるほど、中高生の間でも話題騒然でした。テレビ番組全体の視聴率が低下傾向にある今、平日の午前中にもかかわらず叩き出した四二・四％（関東地区）という驚異的な数値の通り、老若男女が夢中になった国民的イベントだったと言えます。

その他、中高生に人気のあるコンテンツと言えば、アニメ・ゲーム・アイドル・声優・歌い手等々、幾つか思い浮かびます。が、ゲームやアイドルというカテゴリーにしても、さらに細分化された界隈が形成されており、胸を張って流行だといえるものを探すのが難しい状況です。

この件に関し、『不適切にもほどがある！』で昭和の女子高生を演じた、河合優実氏の出演者インタビューが示唆的です。


また、私は同じ流行を追って、同じものを好きになってという現象がちょっと羨ましいと思っています。みんなが同じ歌を口ずさめる、同じアイドルの髪型を真似するなど、昭和の文化には一体感を感じます。今は好きなものもバラバラ。もしかしたら、多様性という今の時代を象徴する考え方とは逆行しているのかもしれませんが、同じことで盛り上がれる雰囲気はすごく楽しそうだなと思いますね。

（『〝明菜ちゃん〟風ヘアにスケバン衣装で熱演中！平成生まれの河合優実が感じた昭和の良さ』

https://topics.tbs.co.jp/article/detail/?id=19939)

一体感に羨ましさを感じるほど、みんなで流行を追いかける経験が乏しいわけです。このことは、各々が好きな界隈に所属するという状況が、さも当然になっていることを意味しています。

しかも、そんな界隈には、内外を峻別する規範があります。界隈ごとに自明なことがあるからこそ、全ての界隈に妥当する普遍的な事実を探すのが難しくなってしまうのです。

こうした状況もあり、今の中高生たちは、他者が持つ趣味に対し大変に寛容です。昔の中高生であれば、みんなの前では言えなかったオタッキーな趣味も平然と公表してしまいます。明るい女子中高生が、ゲーム・声優・アニメ・アイドルに夢中になっていたとして、何ら違和感はなくなりました。または、オタク的な趣味を持ったり推し活をしたりする同世代は、もはや全くマイノリティではなく、スタンダードの感さえあるので蔑視しようがないとも言えます。私が中高生だった二十数年前では、とてもではありませんが考えられなかった事態です。

物心がついたころにはSNSがあり、そこにアクセスすれば数多の界隈が目に飛び込んできて、しかもそのどこかに自分も所属するようになる。いきおい、それぞれの界隈に独自の規範（前提）があって、その界隈だけで通用する論理や事実があるという構図を皮膚感覚で理解してしまう。こうした世界観には、普遍性という言葉は見当たりません。

一方、それは大昔でも同じではないかという疑問があるかもしれません。その共同体だけに適用される規範があり、自ずと共同体のなかだけで通用する真実があるという話は、たしかに以前から今まで、いつの時代でも妥当していたと思います。

しかし、こうした捉え方は、現代を生きる私たちが事後的に見た結果に過ぎません。共同体のなかで日々が完結していた時代であれば、その共同体が全体（社会）そのものです。しかも、他の共同体の様子をうかがい知り、そして身近に感じることは容易ではありません。共同体にいる人々からすれば、その規範が全てであって、あたかも普遍的なルールに感じられるわけです。

「界隈だけで通用する規範（前提）・論理・事実がある」という世界観は、十九世紀以降の数学そのものです。Z世代は、新しい議論に然したる違和感はないだろうと先述した理由はここにあります。

数学者が重要視するのは「感想」

可能な限り論理的でありたいという願いを、現代人に先んじて強く胸に秘めていたのが数学者です。その徹底ぶりはすさまじく、そこまでするかと思えるほど厳密に考え抜いた結果、どこにも自明な事実はないという、ぺんぺん草も生えないような結論が導かれてしまいました。ならば、同じように論理的でありたいと願う現代人がたどる未来もまた、この結末とそう大きく違わないはずです。

今、数学者が共有しているのは、とりあえず正しいと見なす幾つかの仮定（公理）です。その仮定同士が矛盾してはならないといった条件はあるものの、かなり自由に仮定を置くことができます。

もちろん、だからといってどんな仮定でも上手くいくわけではありません。仮定の置き方によっては、1＋1が2にならない数学を作ることができますが、そんなことはほぼ誰もしません。そこで展開される議論には何の面白みも美しさもありませんから、まるでやる気が起きないのです。

ぐうの音も出ないほど論理的で緻密な数学なのに、「やる気」「美しさ」「面白み」といった、まさしく「それってあなたの感想ですよね」と言われかねないワードが登場しました。でも、そんな感想を述べているのは数学者自身でもあります。

たとえば、この仮定（公理）について数学者の池上大祐氏は、『数学セミナー 2022年8月号』（日本評論社）にて「私にとっては、『仮定すると面白い議論が数多く生まれそうな命題』である」と語り、数学者の宮本雅彦氏は「公理となると無駄がなく、美しさが期待されています」と述べます。また、彌永昌吉氏・赤攝也氏による『公理と証明』（ちくま学芸文庫）は「極めて漠然としたいい方であるが、良い公理系とは多くの数学者がその研究に価値と意欲を見出すもののことである」としています。

その他、多くの数学者たちが、この仮定（公理）について考えを述べています。その内容は様々であるものの、そこには「感想」という共通項が見て取れます。議論の前提が自明の事実ではないにもかかわらず、これから時間と労力をかけて議論（数学）をするのであれば、ポジティブな感想はとても大切になってくるわけです。

クールな共生をするZ世代

感想なんていう曖昧なものでよいのかという疑問もあると思います。しかし、これは感想だからよいのです。仮に論理で公理を導こうとすれば、たちまち公理は破綻します。論理的な主張には前提が必要です。ということは、その前提を論理的な主張で調達したら、また新たな前提が生まれてしまいますが、こんなことをしていてはキリがありません。そして、これ以上は遡ることのできないものが、本当の意味での前提である以上、公理は論理では導けないことが分かります。

このことは、０から１をつくる作業に似ています。

１があれば、あとは論理によって２→３→４→５とドミノ倒しのように話が進み、自ずとゴールまで到達します。しかし最初の１ばかりは、論理ではどうしようもありません。直感・シックスセンス・ひらめき・天啓など、どれもこれもが「それってあなたの感想ですよね」と言われそうな何かでつくるしかないわけです。あのニュートンもまた、ニュートン力学における１（運動方程式）が着想できた理由は謎に包まれており、その秘密は霊性の類にあるとする声さえ聞こえてきます。ニュートンは敬虔なクリスチャンであり、重力は神が創造したと考えていましたから、意外と本質を突いた推察かもしれません。

1が決まれば自ずとゴールに着くということは、1次第で結論の内容が決まるということです。結論はもちろんのこと、その論理のあり様でさえ規範という1によって決まる以上、1のもつ重要性は計り知れません。ここに、多くの数学者が情緒や感性の重要性を説く一因があると思います。

私が思うに、Z世代は1を作るのが上手です。ただそれは、情緒や感性を働かせた結果というよりは、各界隈を俯瞰的に捉えるのに慣れているため、偏狭な規範に染まりにくいという意味での上手さです。

もちろん、彼らのなかにも偏狭な考えや世界観に染まる人がいますし、それは生徒のなかにも確認できました。真っ白なキャンバスに歪んだ考えを刷り込むようなもので、大変にマズイとも思いました。当初私は、年齢が低ければ低いほど、偏った考えに染まりやすいのではという仮説も持っていました。

しかし、「陰謀論」の猛威で見せつけられたのは、それよりもずっと上の世代の危うさです。偏狭な「陰謀論」の界隈で、世俗とは隔絶した規範を内面化してしまう人々の年齢構成は、どうも中高年以上に偏っているようです。少なくとも、Z世代よりは上の世代に集中しているのは間違いありません。

そんなZ世代の生徒と接していて思い浮かぶのが「クールな共生」という言葉です。感想を共有するのは所属界隈のなかであって、全く別の界隈に所属する同級生とは分かり合えなくてもよい。が、その趣味嗜好に対し、互いに外野から文句を垂れることもない。河合優実氏の言葉通り、一体感にうらやましさを感じてしまうほど、分別よく住み分けができています。

だから、そんなZ世代のあり様と似通った新しい議論もまた、各界隈のなかで閉じてしまいます。界隈ごとに共有する前提が違うと考える以上、議論は界隈のなかでしかできないからです。それぞれが別の前提を持ったまま議論をするという行為は、各々が野球・サッカー・バレーボールのルールを前提としながら一緒に球技をするようなものであり、あまりにも不毛です。

しかし、それでも十分な成果が生まれると考えます。たとえ偏狭な世界観が界隈で形成されても、その中で閉ざされるからです。その世界観を他者に強要し、社会や家庭を大きく揺るがす事件に発展するリスクが低下するだけでも、とても大きな収穫ではないでしょうか。

それに、多様な参加者による議論の可能性が消えたわけではありません。これまでの常識を脇に置き界隈の外に出て、同じように他の界隈から出てきた人々とともに素晴らしい1を作ることができれば、また新しい界隈を形成できるからです。そういった意味で、多様な人々と生産的な議論をするためには、いかに各々が良い感想を抱ける1を作るかが大事になってきます。どこにも普遍的な真実がないことを認め、とりあえず正しいと見なす1を共有してから話そうという姿勢が肝要になるわけです。

数学の歴史を繙《ひもと》くと、新しく公理系（≒界隈）をつくったものの、残念ながらあまり発展せず今日に至っているものも見受けられます。しかし、新しく形成された界隈たちが、大きく数学を発展させたことも確かです。この数学の歴史が示すとおり、どれだけ多くの人々が、それぞれの界隈から勇気を出して外に飛び出し、そして新しい界隈を作れるかによって、未来のあり様は随分と変わってくるのではないでしょうか。

現代社会を生き抜くためのヒルベルト的発想法

1の作り方に関し、もう一つだけ数学から新しい考え方を導入してみたいと思います。

名言集にある格言のように、シンプルに「人生は旅である」といった具合に決めてしまうのも、一つの作り方です。これ以上、決して掘り下げる必要のない前提として置くことのできる、心から納得のいくものをチョイスするというものです。

しかし、この方法は素朴すぎて、現代社会でも何ら新しい考え方ではありません。それに、１の作り方に際し、その他の引き出しを持っていても損はないはずです。

これとは違った作り方について、現代数学の父と称されるヒルベルトは「点、直線、平面の代わりに、机、椅子、ビールジョッキといっても構わない」という、大変にユニークな言葉を残しています。点や直線という対象を説明するのではなく、点と直線の関係性を明らかにすればよいということですが、これはジャンケンをイメージすれば分かりやすいと思います。

グーはチョキに勝ち、チョキはパーに勝ち、そしてパーはグーに勝つという、誰しもが知るグー・チョキ・パーの関係性があります。この関係性さえ明らかになっていればよく、グー・チョキ・パーという対象については何ら説明をしません。

つまり、別にグーは何であってもよいのです。そしてグーが何であろうともジャンケンというゲームは成立するのですから、それで問題はありません。グーを机にして、チョキをビールジョッキにしても、「机（グー）はビールジョッキ（チョキ）に勝つ」となるだけであり、何ら支障がないわけです。

第2章では、自分自身を最強のモノサシにするという方向性について記しましたが、これは今日の学校教育で目指されていることでもあります。男子はかくあるべし、女子はこうあるべしどころか、立派な大人とはこういうものだという規範さえ示すのが難しくなってきた学校現場では、生徒たち一人ひとりが、自分なりの1を自力で作る必要に迫られています。

しかし、なかなか上手く作ることができず、消極的な理由により進路を考える生徒が目立つのが実情です。1を作れないならば、安定性・偏差値の高さ・得られる賃金といった外部のモノサシに頼るしかなくなりますが、それも無理はないでしょう。0から1を作るのは大人でも難しいからです。偉そうなことは生徒に言えないなとも感じています。

そんななか、結果としてヒルベルトと同じ発想で進路を決めた生徒がいました。

その生徒は、発展途上国で奮闘する日本人に関するドキュメンタリー番組を視聴し、自分も同じような仕事がしたいと、直観的に思ったのだそうです。その生徒は当初、外国語学部に進学したいと考えていました。

ところが、推薦入試の下準備として根掘り葉掘り聞いてみると、驚くほど何も知らない。その発展途上国がどんな国で、どういった問題を抱えていて、外国語学部で何を勉強してどう役立てるのか、てんで知識がありません。でも、その思い描く夢は本気のようで、あれこれ揺さぶりをかけてみても動じません。

この生徒は、最終的に自分の強みを活かせそうな他学部に変更したうえで、第一志望の大学に合格しました。他学部への変更に要した時間は一か月とかからなかったこともあり、これから思い描く進路も変わっていくのかもしれません。

しかし、これは結果としてではありますが、実にヒルベルト的な発想です。この生徒が発展途上国・抱える問題・専攻したい学問等について何も知らなかったように、対象そのものは何も明らかになっていないからです。知らないのですから、そもそも定義のしようがありません。

そこにあったのは、対象についての説明ではなくて、対象と対象の関係性です。困っている人たちがいる現場に赴き、専門知識を身に付けた自分が問題解決のために尽力をする。外部から助言するのではなく、現地でともに生活することで見えてくる課題を、現地にいる人々とともに乗り越えていくという関係性なのです。

今、その現場は発展途上国ですが、それが日本国内のどこかになるかもしれませんし、解決すべき問題も変わるのかもしれません。外国語学部から他学部に変えたのと同じです。でも、困っている人たちと同じ地平に立ち、協力して問題解決を試みるという関係性を重視し続けるのであれば、この形成された1は残り続けます。

年齢故に知識・経験が限られるなかにあっても、この方法であれば1を作ることができ、そして大学生活を通じ知見が広がるにつれ、変更を加えることもできます。偶然ではありますが、こんな形で1を作ってみせた生徒には脱帽するしかありません。素朴に1を作る方法よりも、ずっと優れていると思います。

そのうえ、この方法は実に今日的です。Z世代の世界観が投影されていると言ってもよいかもしれません。

昔の数学を彷彿とさせる「人生は旅である」といった1の決め方は、はっきりとしていて分かりやすいものです。しかしその簡明さと具体性は、意味するところが狭いこととほぼ同義です。だから、一歩間違えると他の考えを認めない、偏狭な世界観を形成しかねません。現代ではコンプラ違反として糾弾される、昭和の頑固オヤジによる説教のようなものです。学校や企業の規範を、大多数の人々が疑うことなく信じられた時代であれば適切なのかもしれませんが、界隈が乱立する今日においては、やや時代錯誤の感が否めません。だから、こうした1が末人思想により破壊されたのは、時代の流れだったとも言えます。

その一方、ヒルベルト的な考えは、裕度や遊びがあります。対象を変更することで、たちまち様々な1に姿を変えるからです。そしてそれは、多種多様な界隈があって、それぞれに異なる規範・論理・真実があり、だからこそクールに共生しようというZ世代の考えと親和性があります。

終章　空白の蓄積というレガシー

三島由紀夫への異論

三島由紀夫が遺した、有名な一文があります。

私はこれからの日本に大して希望をつなぐことができない。このまま行つたら「日本」はなくなつてしまふのではないかといふ感を日ましに深くする。日本はなくなつて、その代はりに、無機的な、からつぽな、ニュートラルな、中間色の、富裕な、抜目がない、或る経済的大国が極東の一角に残るのであらう。それでもいいと思つてゐる人たちと、私は口をきく気にもなれなくなつてゐるのである。

（三島由紀夫『果たし得てゐない約束——私の中の25年』〈サンケイ新聞〈夕刊〉、一九七〇年）

多くの共感を呼ぶ文章ではないでしょうか。経済大国という点は間違いだったという指摘もありますが、そんなものは枝葉末節です。三島の目には、現人神《あらひとがみ》としての天皇がいなくなり、必然的に価値基準を失ってしまった日本国の難点が、痛いほど分かっていたのでしょう。

しかし、私は三島に異論があります。

確かに、日本は長らく「無機的な、からっぽな、ニュートラルな、中間色の」状態、つまり空白の時間を過ごしてきました。とりわけ戦後から今の今までの約八十年間は、空白が加速度的に積み重なっていき、未だかつてないほど規範を軽視する国になったようです。そのことは、これまで具体的な事例を通じ紹介してきました。

空白の蓄積は、一見するとデメリットでしかありません。際限なく人生は軽くなり、その軽さに耐えきれなくなる人々が続出することで、様々な負の作用が生じることでしょう。

ところが、この約八十年間の蓄積は、レガシーにもなりえます。それも、他国には見られない、大変にユニークで素晴らしい価値を持ちえるのです。

『文化防衛論』の明らかな濁り

このことを本章では順を追って説明していきますが、まずは『文化防衛論』と橋川文三との論争に触れざるを得ません。そしてそのカギは、文化の全体性にあります。

三島は主張します。すべての文化は天皇が淵源であると。価値基準である天皇を出発点とし（まさに公理のように）、演繹的にあらゆる文化が導かれるというのです。「あらゆる」ですから、必然的に眉をひそめたくなるような文化や、政府の方針にそぐわないようなものでさえ対象になります。この包括性について三島は「空間的連続性」と名付けています。

もうひとつ、文化の全体性は「時間的連続性」も有すると三島は主張しますが、こちらは特段の説明は不要だと思います。過去・現在・未来と、文化が連続するという分かりやすい話です。

ところが、『文化防衛論』を読み進めていくと、どうもしっくりきません。あの高い論理性を備えた三島らしからぬ濁った論が散見されるのです。それどころか、橋川が指摘するように、明々白々としか言いようのない矛盾まで目立ちます。いや、目立つどころか、自ら文中にて白状しているような書きぶりさえあります。

三島といえば偏狭な右翼であって、高い論理性とは無縁であるという偏見を有する方もいらっしゃるでしょうが、とんでもありません。次に引用する文章などは、論理的であるどころかラディカルでさえあります。

> そして国体とは？　私は当時の国体論のいくつかに目をとおしたが、曖昧模糊としてつかみがたく、北一輝の国体論否定にもそれなりの理由があるのを知りつつ、一方、「国体」そのものは、誰の心にも、明々白々炳乎《へいこ》として在った、という逆説的現象に興味を抱いた。思うに、一億国民の心の一つ一つに国体があり、国体は一億種あるのである。軍人には軍人の国体があり、それが軍人精神と呼ばれ、二・二六事件蹶起将校の「国体」とは、この軍人精神の純粋培養されたものであった。そして、万世一系の天皇は同時に八《や》百万《およろず》の神を兼ねさせたまい、上御一人のお姿は一億人の相ことなるお姿を現じ、一にして多、多にして一、……しかも誰の目にも明々白々のものだったのである。
>
> （三島由紀夫『オリジナル版 英霊の聲』河出文庫、二〇〇五年）

みんなが国体の存在を確信している。でも、その捉え方はバラバラだ。ならば、国体という一つの言葉は何らかの概念を示しているものの、その概念の解釈は国民の数だけ存在すると理解すべきだ。まさに「一にして多、多にして一」であるのが国体であって、二・二六事件が生じた一因は、そんな一つの解釈の純粋培養的な先鋭化にある、というのが三島の診断です。小説家というよりも、社会学者顔負けのメタ的で冷静な分析ではないでしょうか。これが凡百の思想家や評論家であれば、これこそが国体であると自説を開陳し、そこから外れた解釈をする人間は愚者であると安直に断じておしまいといったところが関の山です。卓抜した小説家としての資質と奇異な行動に覆い隠されていますが、三島が高い論理性を有していたことは間違いありません。

三島らしからぬ矛盾

そんな三島が犯した、らしからぬ矛盾は二点に集約されます。

まず一つ目の矛盾は、驚くほど率直に表明されます。三島自身が『文化防衛論』にて「国と民族の非分離の象徴であり、その時間的連続性と空間的連続性の座標軸であるところの天皇は、日本の近代史においては、一度もその本質である『文化概念』としての形姿を如実に示されたことはなかった」と記すのです。あらゆる文化の淵源であるはずの天皇が、それとしての姿を現さなければ、「空間的連続性」と「時間的連続性」から構成される文化の全体性は損なわれるように思います。これでは、自説は既に頓挫している机上の空論であると、自ら早々に認めたようなものです。実際、橋川はこの点について批判を展開しています。

さて、「文化概念」としての形姿とありますが、三島は天皇を「文化概念としての天皇」と「政治概念としての天皇」に分けて考えます。この分類は「ゾルレンとしての天皇」と「ザインとしての天皇」として分かりやすく整理されているので、これらの言葉を今後は使用していきます。

ゾルレンとは、当為という意味です。「〜べき」という規範論の話です。三島の理想なり美意識によって形作られたので、「本来であれば」ゾルレンとしての天皇は完全に抽象的な存在のはずです。もっとストレートに言えば、人間（三島）の頭のなかにしか存在しえないはずのものです。もちろん、この世俗で具体的に姿形が現れるべきではありません。

一方、ザインとしての天皇は、この現実において具体的に存在している天皇であり、こちらは理解がしやすいと思います。理想の姿であるゾルレンとは違い、ザインとしての天皇は時代によって変わりうるものです。そして三島は、仮にザインとしての天皇を否定してもゾルレンとしての天皇は残り、その逆も成り立つと考えました。

二つ目の矛盾は、天皇と軍隊についてです。三島は、日本において成立しうる共産政権または容共政権が言論の自由を棄損することで、文化の全体性もまた必然的に壊れると主張し危惧します。そしてそれを避けるためには「天皇と軍隊を栄誉の絆でつないでおくことが急務なのであり、又、そのほかに確実な防止策はない」とします。

しかし、天皇と軍隊が直結したことにより、ある特定の文化が抑圧された歴史があることは明らかです。この点について橋川は『美の論理と政治の論理』にて「すでに国民皆兵の制度がとられていた明治国家においてさえ、軍はあるいは軍閥という形において、あるいは議会との関係において、国民の『文化の全体性』に対するむしろ反措定の機能を果した」と批判をします。そして一連の橋川の批判に対する反論において、三島はあっさりと矛盾を認めてしまうのです。

サンタクロースと数学の共通点

橋川の批判はもっともですが、それを退ける術はあります。ゾルレンとしての天皇を、完全に抽象的な存在として整理すればよいのです。

これは、数学をイメージすればよいと思います。数学には、大きさのない点や、永遠に伸びていくうえに幅のない直線という、摩訶不思議な存在があちこちにあります。無論、こうした代物は現実には存在しえません。それどころか、二乗するとマイナス1になる虚数、小数、分数、果ては1や2といった整数に至るまでが抽象的な存在であり、この現実のどこにも具体的には存在しません。あえて言えば、人間の頭のなかにあるのみです。

こうした抽象的な世界で完結する存在は、批判に対しものすごく強い。なにせ、橋川のような現実を混ぜた反論の一切が無効だからです。

たとえば、同じく抽象的な存在（具体的な形として現れない概念）であるピーターパンやサンタクロースやトトロだってそうです。ピーターパンが大人にならないのは非現実的であるとか、サンタクロースがトナカイのソリに乗って空を飛ぶのは非科学的であるとか、トトロが子供にしか見えないという設定はインチキだといった批判が馬鹿げているのは明白。具体的な現実における話ではないのに、現実的におかしいと反論するのは頓珍漢としか言いようがありません。無論、虚数は現実に存在しないから嘘だとか、大きさのない点は非現実的だと批判することもまた全くのナンセンスです。

一方、現実と隔絶した存在であれば、当然ながら何の役にも立たない机上の空論となるリスクは高まります。事実、そんな歴史に埋もれていった空理空論は数知れず、今後もまた量産されるのは間違いありません。抽象的な世界で完結する存在は、現実の世界からなされる反論や批判という名の攻撃には滅法強い反面、その現実に強い影響力を行使するのは苦手なようです。

ところが、数学はどうでしょうか。ピーターパンやサンタクロースやトトロはいかがでしょうか。全くもって非現実的な存在でありながら、間違いなく多大な影響を現実に与えています。そこいらの具体的な人やモノよりも、ずっと大きな力を行使していると断言できるくらいです。

この摩訶不思議な現象は、情熱的な片思いがもたらした結果です。つまり、科学者が数学に恋焦がれた帰結なのです。

その際立って高い論理性・客観性・緻密さといった性質があまりにも魅力的であった

ため、科学者は是が非でも数学を取り入れたくて仕方がありませんでした。この非常に強力なツールを思う存分に活用できれば、科学が発展するのが目に見えていたからです。そして実際、うまく利用できた科学は目覚ましい発展を遂げました。

もちろん、抽象的な数学と、現実に立脚する科学の間には分厚い壁がありますから、利用する過程においては解決困難な課題が山積します。が、恋焦がれた科学者たちは、そのそびえ立つ高い壁でさえも、時には力ずくでねじ伏せることで数学を取り入れてきました。実際、非常に緻密に思われる物理学に対してさえも、そんないい加減に数学を使ってよいのだろうかといった苦言が数学者たちから聞こえてきます。物理学でさえこの有様であれば、他の科学についてはいわずもがなです。つまり、そんな無理をしてまで取り入れたいほど数学が魅力的であったのです。

ゾルレンとしての天皇もまた、この数学のように現実や具体的なものから完全に峻別された、抽象的な存在として整理をすればよいはず。あらゆる文化が恋焦がれるようなゾルレンを描くことができれば、すべての文化はゾルレンとしての天皇から影響を受け続けます。結果として、不滅のゾルレンとともに文化の全体性もまた担保されるわけです。三島の場合、天皇という前提からあらゆる文化が導かれましたが、その反対に全ての文化が向かう先にゾルレンがあるという構図です。

しかも、先述したとおり大抵の批判は造作もなく跳ね返せるため、非常に安定した価値基準として輝き続けることでしょう。価値「基準」は不変であることが理想であり、そして不変であるためには不安定なザインは混ぜない方がよい。

しかし、これは言うは易く行うは難しの典型であることもまた事実。人々を魅了してやまないゾルレンとしての天皇を描くのが難題であることは明らかです。

あえて言えば、これを成しえたのは三島です。幻のノーベル文学賞作家としての卓抜した美を描く能力と、天皇のためなら死ねるという覚悟を併せ持った三島であれば、素晴らしいゾルレンを創出できたかもしれません。いや、三島を差し置いて、いったい誰が適任だというのでしょうか。畢生の大作としてゾルレンを描き、そしてその行為は大変な不敬であったと自刃することで赦しを受け、なお一層のことゾルレンは神聖性を帯び力を持つという道筋まであったことでしょう。

三島には、完全に抽象的なゾルレンとしての天皇を創出したいという、大変に強い動機もありました。人間宣言をした昭和天皇（ザインとしての天皇）を許し難く思う反面、それでも天皇を心から敬愛しているという三島の複雑な感情を整理するには、ザインとゾルレンは峻別する必要があったからです。はっきりと分けるからこそ、ザインを手厳しく批判してもゾルレンとしての天皇は無傷で済みます。

戦前・戦後の断絶という、自分自身を二つに引き裂かれてしまうような経験に対し、それでも自分の戦前・戦後の連続性を確保したいという、三島のアイデンティティーにかかわる切実な願いを考えれば、やはりゾルレンとしての天皇は、現実の影響は全く受けない存在とすべきだったはずです。ゾルレンにザインが混ざってしまえば、戦前・戦後の断絶というザインでの出来事が、ゾルレンにおける断絶なり亀裂となり、三島の連続性もまた途絶えかねないからです。

ザインとしての天皇、ゾルレンとしての天皇

これだけの条件が整いながら、三島はゾルレンにザインを混ぜてしまいました。

仮にゾルレンを完全に抽象的な存在として整理していれば、「日本の近代史においては、一度もその本質である『文化概念』としての形姿を如実に示されたことはなかった」といった論の欠陥を露わにするような表現ではなく、「ゾルレンは完全に抽象的な存在なのだから形姿を如実に示せるはずがない」と記述できます。

天皇と軍隊の直結に関しても、すっきりと整理することが可能です。三島の論は要するに「天皇と軍隊を直結し、共産政権や容共政権からゾルレン（文化概念）としての天皇を守ることで日本の文化も守られ、それ故に日本は日本のままでいられる」ということです。ザインである軍隊がゾルレンとしての天皇を守るという陸続きの構図になっており、両者は必然的に混ざってしまうわけです。

ゾルレンとザインを完全に峻別したうえで、三島に代わって記述すれば次のようになるでしょうか。

人間宣言や共産政権による傀儡化のような不測の事態が、これから起きるかもしれない。その度に、ザインとしての天皇は姿形を如実に変えてしまうかもしれない。しかし、我々日本人が、ゾルレンとしての天皇に恋焦がれ、そして戴き続けるのであれば、決して日本の文化は途絶えず（一時、潜伏することはあるかもしれないが）、日本は日本のままでいられるのだ――。無論、三島であれば、この文章より格段に素晴らしいものを遺したでしょうが。

三島亡き今、峻別しなかった理由は分かりません。しかし、それができなかった理由ならば思い浮かびます。

キリスト教における神や中国における天は抽象的な存在であり、この現実から超越しています。超越したまま、現実の世界における統治に影響を与えているわけです。その一方、日本においては高天原（天）から神々の子孫が地上に下ったため、天と皇室はつながっています。完全に現実から超越しているわけではありません。天皇について語ろうとすれば、そもそもザインとゾルレンの区別が曖昧であったという歴史に直面せざるを得ないのです。

当然の帰結として、現人神としての天皇もザインとゾルレンを併せ持つこととなります。

明治政府発足直後、欧米におけるキリスト教の驚愕すべき浸透ぶりと、この宗教が人心をまとめていることを強く実感した岩倉使節団は、キリスト教のような存在が、近代国家の樹立のためには必要不可欠だと痛感しました。

ところが、そんな強い力を持った宗教が日本には見当たりません。当然ながら日本にも宗教はありましたが、そのどれもこれもが力不足に思えたのです。

そんななか、彼らが活路を見出したのが皇室でした。そして天皇とキリスト教の神を彼らが重ね合わせた結果、現人神としての天皇が創出されたのです。が、神は抽象的で現実を超越している一方、天皇は具体的に存在しています。だから、岩倉使節団の英知をもってしても、両者をイコールにすることはできませんでしたし、そもそもするべきではなかったとも思います。

こうして振り返ってみれば、有史以来、常に天皇にはザインとゾルレンが混在していました。そうした天皇を戴いてきた歴史の重みを鑑みれば、ザインとゾルレンを峻別するという大胆な手法は取りがたく、いくら三島でも難しかったのかもしれません。違った言い方をすれば、卓抜した才能・死さえも恐れない覚悟・アイデンティティーにかかわる個人的な動機を併せ持った三島でさえ、この現実から超越したキリスト教の神のような、完全に抽象的なゾルレンとしての天皇＝価値基準を記せなかったことになります。

終戦から約八十年、三島が死んでから約五十五年が経過しました。岩倉使節団や三島でさえ描けなかった純粋なゾルレンとしての天皇を、時間の経過により更に描写するのが難しくなった今、果たして誰が提示できるというのでしょうか。せいぜい三島気取りの紛い物が、ある界隈でポピュリズムに染まった極論を吐くことで、局所的な熱狂を獲得し社会に害悪を撒き散らすのがオチです。

価値基準は純粋なゾルレンの方が安定していてよい。そして日本のゾルレン＝価値基準を創出するのであれば、岩倉使節団や三島がそうしたように、天皇と向き合わざるを得ない。しかし、天皇をゾルレンとして峻別することが甚だ難しい。ここに、日本の価値基準や大方針が不在であり続ける淵源があります。

論理的であるためにこそ「感想」が必要

私は、このゾルレンを決して作れない日本であっても、実は価値基準を見出すことができると考えています。そして敗戦から今の今まで蓄積してきた空白を恥じる必要はなく、むしろレガシーであるとさえ考えます。

このことを示すために、本書を今までとは少し違った角度から振り返ってみたいと思います。

「それってあなたの感想ですよね」という言葉は、非論理的なものを軽んじる現代人の心象風景を、端的に示した表現だと先述しました。規範や感想といった非論理的に思えるものを捨てる一方で論理やデータを重視するとともに、合理的にコスパ・タイパを高めることを是としてきたわけです。

こうした心象風景がもたらす行動は、社会そのものを変えます。一切の無駄を省いたショート動画、手早く食事を終わらせてしまう完全食品等の流行は、人々の求めに応じ、コスパ・タイパを追求しやすい社会に変化したことを示す一例です。

さて、「コスパ・タイパを追求しやすい」と肯定的に書きましたが、これは「コスパ・タイパを追求せざるを得ない」という事態と紙一重です。人間の求めに応じ変わったはずの社会ですが、そのことが必ずしも良いことだとは限りませんし、人間が思うがまま変えられるわけもありません。

コスパ・タイパを重んじる心象風景が社会を変えたと思いきや、今度はその社会が人々の心象風景を変えていき……という循環の先には空白が待ち構えています。規範や感想のようなものをどんどん捨てていくことが、価値基準の放棄そのものであるのは論を俟ちません。ここに、何ら理想や目的を持たず、ただひたすら安楽を追求する人間、つまり末人へと繋がっていく未来が見えてきます。

それでは、どうすれば末人という名の破滅を避けることができるのか。

単純に既存の規範や伝統・文化・慣習を大事にせよ、一つ一つの胸に去来した感想を大切にすべきだ、で済めば苦労はありません。すでに末人かその予備軍に達した人々にそんな要求をするのは、翼が退化したダチョウに空を飛べと命じるようなものだからです。規範だとか感想だとかを捨て去ることを是とし、論理性・合理性ばかりに価値を見出してきた人々ができる芸当ではないでしょう。限りなく人生を軽くしていった彼らに残されたのは、論理的・合理的でありたいという願いか、あらねばならぬという強迫観念といった、実に殺風景な心象風景しかありません。

そうであるならば、その願いを唯一の武器にするしかない。つまり、もっともっと徹底して論理的・合理的であろうとすればよいのです。論理的・合理的であるためには、是が非でも非論理的で素晴らしい規範や感想が必要であることを原理的に理解するとともに、感覚的にも実感できるようになればよいわけです。そうすれば、論理的・合理的でありたいから、素晴らしい規範や感想は是が非でも取り入れ、捨てるなんて論外であるという結論に自ずから到達します。

ここでの最も重要なポイントは、「論理的でありたいなら」非論理的に思える感想を重視しようという経路です。

感想について考えるにあたり、若者に人文学の魅力を伝えることを目的とした本や、人文学の復興を掲げた書籍をあれこれと読んでみました。私自身、人文学に無関心ではありませんので、そこで書かれている内容は一定の共感ができるものでした。

一方、この内容では、若者を中心とした、論理やデータに非常に大きな価値を認める現代人には、おそらく伝わらないだろうと感じたことも事実です。何よりも論理やデータを重んじてきた人たちに対し、そうでないものも大切なんだよと記述してみたところで、感想より論理をずっと重んじるという姿勢が変わるとは思えないからです。

こうした本のなかで最も印象的だったのは、「先生の、何か小説みたいな本、読みましたけど……」といったことを生徒から言われ、閉口する人文学系の教授です。論理的な表現をしないと、「何か小説みたいな」文と見なされてしまい、残念ながら説得力を失ってしまうわけです。そこで本書では、そんなに論理的でありたいならば、感想や規範を捨てるなんてあり得ないのだということを幾度となく強調してきたつもりです。違った言い方をすれば、「普遍から普遍」ではなくて、「仮定から限定」に至る議論という、十九世紀以降の数学的な考え方の方がより論理的であり、それ故に素晴らしい感想（仮定）が必要なのだと記述してきたわけです。

今、従来であれば有無を言わさずに普遍的に正しいとされてきた規範たちが、コスパ・タイパの追求の名の下に捨て去られています。そんな普遍性なき時代において「普遍から普遍」に至る議論に固執していては論を紡ぎようがなく、必然的に論理性や合理性も消滅します。だからこそ、普遍的な正しさのない時代において論理的でありたいならば、「仮定から限定」に至る議論をするしかありません。そして仮定であれば単なる感想でも十分に事足りますし、それが血の通った素晴らしいものならば文句なしです。もちろん、これまで捨ててきた規範や伝統や文化でも何ら問題ありませんし、これから身に付ける界隈の規範でも大丈夫です。

FIREの先に待ち受ける現実

次のような実例からも、こうした規範や感想の重要性が見て取れます。十分な貯蓄を蓄え早期リタイヤするという、いわゆるFIREを目指し合理的にコスパを追求する人々が散見されますが、その成功の先に待ち構えている未来は必ずしも明るくはないようです。

確かに、世の中には35歳でラットレースから抜け出し、働かない人生を楽しめる人もいる。だが、それを難しいと感じる（経済的な理由ではなく）人も大勢いる。（中略）テレンスは2年前にリタイアし、現在はバケーションレンタルサイトの「エアビーアンドビー」を利用し、1～3か月単位で世界各地を転々としている。そのライフスタイルは多くの人に華やかでうらやましいと思わせるものだ。

だがテレンスは、「孤独を感じている。たいていの人はこの生活を楽しめないだろう」と言った。

「FIREノマド的なライフスタイルを受け入れるのは、自分はもはや世の中にとって重要な存在ではないと受け入れることである。存在しているのかしていないのかわからない、手応えの感じられない世界で生きていかなければならないのだ」

（ニック・マジューリ『JUST KEEP BUYING　自動的に富が増え続ける「お金」と「時間」の法則』児島修訳、ダイヤモンド社、二〇二三年）


その他にも本書では「3年間、リタイア生活を続けたが、とにかく退屈だった。人はお金のためだけに働くのではない。でも、仕事をやめるまでこのことがよくわかっていなかった」といった幾つかの逸話が紹介されています。FIRE後に空白が待ち構えていると、たちまちその生活は耐え難いものになるということです。あれほど追い求めた金を手に入れた途端、一転して金を軽視するようになるのは皮肉なことでもあります。

この件に関連して、第2章では「軽さに耐える資質を欠いているのであれば、次々と規範を消してしまうのは相当にリスキー」だと先述しました。先の引用文にある「確かに、世の中には35歳でラットレースから抜け出し、働かない人生を楽しめる人もいる」とする言葉がまさにそれです。

しかし、彼らはそれでも末人の極致とは言えません。なにせ、一時であったとしても「金持ちになってFIREをしたい」という確たる感想を持っていたからです。手に入れた途端に消えてしまう、仮初《かりそめ》の価値基準だとしても、ある目的に向かい合理的に行動することができてはいました。

ニーチェが本当にしたかったこと

それでは、徹底的に価値基準の消滅を図り、既存の真理や常識を疑っていけばどうなるか。そのサンプルは、価値の源泉であるキリスト教を徹底的に攻撃したニーチェにあります。ニーチェは、キリスト教そのものを否定したのはもちろんのこと、その影響下にある伝統・文化・慣習どころか、論理に対してさえも厳しい目を向けました。ニーチェにとって論理とは、人間に役立つという理由により作られた虚構の産物なのです。

たとえば、哲学者のマルティン・ハイデッガーによるニーチェ哲学の解説書『ニーチェⅡ』（平凡社ライブラリー）を読むと、さも真理のように取り扱われている矛盾律は、単なる取り決めにすぎないという結論にニーチェが到達していることが分かります。矛盾律とは、たとえばある物体は、リンゴであると同時に非リンゴであることはできないということで、あまりにも当たり前のことに思えます。が、それが単なるルールや取り決めか、それらから導かれる代物に過ぎないことは第2章で先述したとおりです。ちなみにですが、マルティン・ハイデッガーもまた、ニーチェのこの意見に同意していることを付言しておきます。

ニーチェが素晴らしかったのは、この論理さえも疑った点です。

既存の価値基準を疑い、新しい世界観の構築を目指した人間であれば、さして珍しくありません。しかしニーチェの場合、普遍的な正しさを持つように思われる論理に対してさえ、疑いの目を向けるという徹底ぶりがありました。しかも、その疑いは現代的に見ても正しい。

ただ、それ故に不幸を招いてしまったのかもしれません。ニーチェの文章が曖昧で判然としないのですが、どうもキリスト教にとって代わる、新しい世界観なり真理を打ち立てようとしているように思えてならなかったのです。真理を追究する姿勢はキリスト教による弊害だとニーチェは考えていたので、自意識としては違うのでしょうが。

普遍的に正しい前提や論理を認めない立場をとるならば、その論は十九世紀以降の数学のように「仮定から限定」に至る議論になるはず。それをせずに考えを進めていけば、その論は頓挫することが宿命づけられます。一八八九年に発狂し廃人となり、十九世紀の終着点である一九〇〇年に他界するというニーチェの末路は「普遍から普遍」に至る議論の限界を、その生涯によって象徴しています。

推し活で超末人を目指す

「論理的・合理的でありたい」ならば「非論理的な規範の内面化が必要」までは、論理的に考えれば到達します。しかし、その規範は論理では調達できませんし、してはならないものです。

そんななか、規範を調達する方法は大別すると二つ考えられます。

一つは超人メソッドです。自力で価値基準を創出するという方法です。全ての規範や感想を消した後、また新たな自分なりのものを独力で作るというものです。または、

「軽さに耐える資質」が十分にあるならば、何もせずとも既に超人でしょう。私なりに改めて超人を定義すれば、それは「末人になった後、一人で末人を超えて豊かに生きられる人間」のことです。決して推奨はしませんが、限られた強者であれば超人を目指すのもよいかもしれません。

もう一つが、非強者による末人の超え方です。末人として苦しむ弱い自分自身を認め、末人なりのやり方で壁を乗り越えるという意味を込めて「超末人」を目指します。強者であれば、独力で解決できるかもしれない。でも、そうではない非強者ならば難しい。ならば、非強者は共同体や界隈といった何かに頼るしかありません。

どんな共同体や界隈でもよいのですが、なかでもお勧めなのが推し活です。間違わなければ、推し活によって規範や論理を調達するのは決して難しくありません。コンプライアンスの嵐が吹き荒れ、現実における共同体が次々と崩壊している今、推し活とその界隈は有力な選択肢の一つになっています。

たとえば、大変な努力をしている「推し」はどうでしょうか。「推し」＝「軽い神」なのですから、推しが努力の大切さを説けば、それ即ち尊い教えです。言い換えれば、熱心に推し活をする以上、規範は自ずから内面化されていきます。

「努力をすることは大切だ」という規範だけでなく、「努力をする」ならば「報われる」という論理もまた、界隈によって調達可能です。「推し」が懸命に努力をする姿を見ることで勇気づけられ、更に推し活に夢中になるという状況が生まれれば、そのことをもって既に報われているからです。努力の結果、たとえ目的が達成されなくても構いません。

このことは、次のように単純化すると分かりやすいと思います。

ある界隈には、努力を重ねる神としての「推し」がいる。そして界隈に住む人々は、皆が神を懸命に応援（＝努力）している。

神と人々の努力が必ず実るとは全く限らないが、むしろそれこそが大切だ。なぜならば、達成されれば皆は感動という報いを受け、達成されなければ「それでも頑張る神」の姿にやはり感動し勇気づけられたり、努力そのものに充実感を覚えたりするからだ。結果、この界隈は、神と人々が努力をすれば必ず報われるという空間になる。この世界の外では違うのかもしれないが、少なくともこの界隈においては「努力をするならば報われる」は十分に論理的なのだ——といった具合です。歌唱やダンスがあまり上手ではない「推し」たちが、努力を重ね上達する姿をあえて披露するという形式は珍しくありませんので、ここで記した具体例も決して特殊なケースではありません。

こうしたことは、第2章で先述した極道の世界だって変わりません。「灰色ならば白」なんて悠長な論理で物事を考えていれば、たちまちピストルで命を取られかねないため、「灰色ならば黒」という論理でよいのです。誹謗中傷が常態化している界隈にしても、どんな存在であれターゲットになれば、たちまち（胡散臭い）灰色を積み上げて真っ黒くしてしまうので、やはり「灰色ならば黒」と見なすのが自然です。そして第三者的に突き放してみれば、「灰色ならば白／黒／灰色／その他」のどれもこれもが、単なるルールや取り決めです。でも、そんなルールがないと論理は成立しないので、何かを選ばなければ仕方がない（または、違うルールから導くしかない）。

しかしながら、それでは「灰色ならば黒」という論理を内面化してよいのかと問われれば、それは全くの別問題です。界隈の外では御法度になる規範や論理は身に付けるべきではありませんし、仮に内面化してしまったとしても、それは外部で使ってよいものでないことは当たり前の話です。

ここで、大変に重要なことが明白になります。界隈で調達する規範や論理は、その外で自分が使用しても大丈夫なものに限定すべきだということです。そのためにも、推し活の沼にハマるまえに慎重な吟味が求められます。この界隈で推し活をしていった先に、どんな規範や論理が内面化するのか、じっくりと検討する時間が必要不可欠なのです。そうでないと、せっかくの推し活が、たちまち社会に迷惑をかけ、ひいては自分を滅ぼす方向に作用しかねません。ネット上の表現を借りれば、「界隈の民度」を調べておくということです。

仮に、既に悪しき界隈の規範や論理が内面化してしまっていると感じたときには、是非とも十九世紀以降の数学的な考え方を思い出してください。今、身に付けているダメな規範や論理は、真実でも何でもありません。普遍的に正しいことが何一つない以上、それらは全て捨て去ることができます。そしてまた新しい界隈に所属しなおすことで、よりよき規範や論理が調達できるに違いありません。

「人生は無意味」と嘆く若者たちへ

何の生きる目的も感じられない。人生は暇つぶしであり無意味。まるで塗り絵のような何もない日々。イベントのないすごろくのようだ……。こういった書き込みは、規範を軽視する特定の界隈を覗いてみればよく見られます。無論、こうした主張もまた、真理でも何でもありません。あえて言えば、単なる感想です。中途半端に論理的に考えてしまい、それが真理だと不幸にも勘違いしてしまった帰結なのです。

繰り返しになりますが、「普遍から普遍」に至る議論は、もう賞味期限が切れています。序章でも記した通り、コロナ禍でのインフォデミック、横行する精巧なフェイクニュース、猛威を振るう陰謀論といった現象は、普遍的な事実の共有が困難になっていることを十分に実感させるものです。「仮定から限定」に至る議論を選ぶしかないのは、理屈の上からだけでなく、十分に実感できることです。ならば、ある仮定から導かれてしまう鬱蒼とした限定的な結論を捨てることに、いささかの躊躇も必要がないはず。また新しい仮定（規範）や論理を調達すれば、限定的であれど明るい結論が導かれるかもしれません。

塾を開いていて、よく思うことがあります。先述したような薄暗い規範・論理を、ネット上で内面化している若者たちが、実はけっこういるのではないかということを。ニヒルな界隈に入り込み、日々大人たちと直接・間接的に会話をした結果、後ろ向きな規範や論理を血肉化し、そのうえそれが真実だと思い込んでいるとしたら、こんなに不幸なことはありません。しかも厄介なことに、支離滅裂で偏狭な界隈とは違って、その世界の危うさが分かりにくい。それに加え、ひろゆき氏的な存在や主張が、論理的・合理的なものとして若者の間で信用されている有様です。

だから、私はそんな早熟でニヒルな若者たちには是非、だったらより論理的・合理的になろうよと言いたい。先述した後ろ向きの主張を、さも論理的に導かれた真理や普遍的な事実として考えているかもしれませんが、それはとんでもない勘違いだと主張したい。

そんな考えが不変の事実だと思ってしまうのは、数学で言えば十八世紀以前の、もう数百年も前の思考で止まったままである証左です。そんな前世紀の遺物みたいな考え方のまま、論理的・合理的に物事を考えるなんてとんでもありません。

本節の最後に、ちょっと注意すべきことを記しておきます。

第2章にて、「外と内を峻別する特異な規範（モノサシ）があるから共同体」だと先述しました。ならば、界隈で内面化した規範のどれもこれもが、外では通用しないのではないかという疑問が生じます。そしてこの疑問は、半分は当たっていますが半分は外れです。

このことは、推し活における「努力をすることは大切だ」という規範を例にすれば分かりやすい。

昨今、こうした規範に胡散臭さがただよっていて、無暗に誰彼構わず投げかけるべきではないことを先述しました。だから、外部に適用すべき規範ではなく、その意味では先の疑問は正しい。

しかし、外部でも自分自身が規範を遵守し生きる分には何も問題はありません。界隈内部に存する特異な規範でありながら、外部に持ち込み自分に適用してもよい規範だということです。

論理抜きに断言できることを増やせ

多くの伝統宗教とは異なり、推し活には明文化された教義の類がほぼありませんので、規範は自分自身が感じ取るしかありません。だからこそ、感受性のセンサーを磨くことが大変に重要です。「推し」や界隈から、どういった規範や論理を獲得できるのか、常に考えながら勤しむべきです。もとい、「推し」の規範を感じ取れないのであれば、それは自身の感受性が鈍っているサインだと思ってください。

センサーを磨き、「推し」が有する規範や論理を理解する。そして本当に推しているのであれば、その規範や論理を我が物とせずにはいられないはず。漫然と推し活をしていては、せっかく得られる素晴らしい規範や論理を見過ごしてしまい、あまりにももったいない。

「推し」の規範や論理を内面化すること即ち、「推し」の思考をインストールするも同然の行為です。グッズを集めたりライブに行ったりするよりも、ずっと素晴らしい推し活になること請け合いです。あえて挑発的に物申すならば、規範や論理を理解せずして推し活をするなんて笑止千万です。

ただし、とある規範や論理が外部で適用できないのであれば、すぐさま取り入れるのを中止した方が無難です。「推し」＝「軽い神」だから、そんなことは断じて許されない、ということはありません。伝統宗教のなかにも、随分と融通無碍で話の分かる神様がいらっしゃいます。

そして、あまりにも外部で通用しないものばかりであれば、残念ながら泣いて馬謖《ばしょく》（推し）を斬り、また新しい推しを探すべく旅路に出ましょう。というよりも、「推し」や界隈の規範のほとんどが外部では守れないような代物ならば、そもそも界隈に所属することができなくなるはずです。

推し活とは少し違いますが、感受性のセンサーを磨き、あらゆるものから規範や論理を獲得しようという心構えさえあれば、共同体や界隈に頼ることなく様々なものから調達することも可能です（やや超人的な手法ではありますが）。

たとえば映画であれば、映画監督の黒澤明による北野映画に対する批評からも規範を得られる契機があります。

黒澤監督は北野武監督の映画に対して、無駄な説明がなくて良いと高く評価し、実際に『黒澤明が選んだ100本の映画』（文春新書）では、北野武監督の『HANA-BI』が選ばれています。ちなみにですが、同書では『となりのトトロ』も選出されており、「とても感激してね、ネコバスなんてすごく気に入った」とのコメントも掲載されています。

たしかに、同映画もまた突き詰めれば「子供のときにだけトトロが見える」の一言に尽きるという、一切の無駄を排した映画のように思われます。昨今、何から何まで丁寧に説明してしまう作品が目につきますが、それとは大違いです（懇切丁寧に示さないと売れない時代だという、制作側の切実な事情があるのは承知しています）。

「無駄な説明がない方がよい」または言い換えて「シンプルであるほどよい」という言

葉を心底納得できれば、それは紛れもなく規範になります。論理に依らない結論です。黒澤映画のみならず、北野映画や『となりのトトロ』を愛好する方々であれば、比較的スムーズにこの規範を内面化できるはずです。漫然と映画を見ているだけでは獲得できない規範もまた、心構え次第で随分と変わってきます。

コスパ・タイパの追求を強いられる現代社会においては、ただ過ごすだけで規範は消えていき人生は軽くなってしまい、その終着点には末人が控えています。だから、私たちは規範を失った分だけ、意図してストックしなければなりません。もっと大胆に言えば、論理抜きに断言できることを増やしていけばよい。

論理的・合理的でありたいという心象風景が最後の武器である。そして論理的でありたいならば規範が必要だ。だから健全な共同体・界隈に所属すべし。磨かれた感受性により規範をストックせよ。

ごく簡単にまとめれば、こんな風に処方箋は示せるでしょうか。

「これでいいのだ!」とは言えなかった三島

次に引用する三島由紀夫の評論を読んだのは、約七年前だったと思います。当時はなんて朗らかなエピソードだろうと思いましたが、今読んでみると何故か少しだけ物悲しい。

いつのころからか、私は自分の小学生の娘や息子と、少年週刊誌を奪ひ合つて読むやうになつた。「もーれつア太郎」は毎号欠かしたことがなく、私は猫のニャロメと毛虫のケムンパスと奇怪な生物ベシのファンである。このナンセンスは徹底的で、かつて時代物劇画に私が求めてゐた破壊主義と共通する点がある。それはヒーローが一番ひどい目に会ふといふ主題の扱いでも共通してゐる。

私だつて面白いのだから、今の若者もかういふものを面白がるのもムリはない。（中略）ヤング・べ平連の高校生と話したとき、「もーれつア太郎」の話になつて、その少年が、

「あれは本当に心から笑へますね」

と大人びた口調で言つた言葉が、いつまでも耳を離れない。大人はたとへ「ア太郎」を愛読してゐても、かうまで含羞のない素直な讃辞を呈することはできぬだらう。赤塚不二夫は世にも幸福な作者である。

（三島由紀夫『劇画における若者論』『三島由紀夫評論全集　第四巻』所収、新潮社、一九八九年）

三島と赤塚には、多感な時期に戦前・戦後の断絶を経験したという共通点があります。そして私が考えるに、『天才バカボン』のパパが発する「これでいいのだ！」は、断絶を克服する処方箋です。敗戦により価値基準がまるで変わってしまったのであれば、今あるそれも消えてしまうかもしれない。ならばもう、あらゆるものを「これでいいのだ！」で肯定してしまい、日々を楽しく生きていこうという戦略です。実際、赤塚はこの通りの人生を送りました。

来春、NHKの連続テレビ小説としてドラマ化される『アンパンマン』の作者、やなせたかしもまた、この断絶に処方箋を持ちます。敗戦により価値基準が一変しても、空腹の人間にご飯を与えることは正義であり続けたという実体験を縁とし、広く国民に愛される作品を描きました。

やなせと赤塚に共通しているのは、ありありとした感触です。この現実に立脚した感想を出発点（価値基準）とし、人生と仕事を全うしました。その仕事が世人に広く受け入れられたことが示すとおり、それは決して観念論の類ではなくて、人びととの共感を生む血の通った感想だったのです。

一方、三島はと言えば、悲しいほどに観念的です。戦前・戦後の境界線をまたいでも断絶されないゾルレンとしての天皇の創出が、自身のアイデンティティーを保証する処方箋になりうるのは分かります。しかし、やなせや赤塚のそれと比べてしまうと、あまりにも観念的に思えてなりません。三島の小説は、その美的秩序が高く評価される一方、「虚構」「人工的」と評されることが多々あったことが示唆するように、三島は大変に観念的な人間なのです。

どうしてか、私が物悲しさを感じてしまったのは、血の通った感想を抱けた赤塚と観念的に過ぎた三島の対比によるものでしょう。漫画を通じ、現実の具体的な子どもたちと良好な関係を築く赤塚に対し、まるで現実と良好な関係を結べない観念的な三島が発した「赤塚不二夫は世にも幸福な作者である」とは、赤塚を羨んだ心の声のように思えてなりません。

作家の石原慎太郎もまた、三島の卓抜した小説家としての能力を高く評価する一方、ボディービル・剣道・政治的な活動といった、観念の対極にある実体的・肉体的な振る舞いについては眉をひそめます。その辛辣な評価は晩年でも変わらず、『昔は面白かったな』（新潮新書）では「みんなが見損なったよ、三島さんをな。『太陽と鉄』なんて出鱈目な肉体論でさ。あんなに運動神経が天才的に無い人間が、肉体を論じるなんて、僭越というか滑稽だね」とまで評します。幼少期から観念的で虚弱体質だった三島は、自分に欠けているものを補うかのように、不得意な実体的・肉体的な活動に励みましたが、それは肉体派を称するスポーツマンの石原からすれば「僭越というか滑稽」に思えてならなかったのでしょう。

そんな三島が「それってあなたの感想ですよね」などという、これ以上なく感想を軽視するようなコメントを投げつけられたらどうするか。

答えは簡単。顔を真っ赤にして激怒するに違いありません。異なる思想を持つ人々との対話を好んだ三島ですが、許せないラインを飛び越えたら激怒します。やなせや赤塚が有した、人生の価値基準である血の通った感想こそが、三島が心の底で欲していたものだったからです。それさえあればアイデンティティーの問題はたちまち解決し、あれほどまでに天皇について思い悩み自刃することもなかったはずです。そんな大事な感想を軽んじるなど、三島からすれば考えられない話でしょう。

三島は自決の一週間前、二つ年下で文芸評論家の古林尚と対談をしています。そのなかで、古林は三島に次のような話を投げかけました。

――三島さんは、死が美に通じる終末感の美学みたいな考え方を持っている。青少年期に戦争をくぐりぬけたぼくらの世代には、戦時下の呪うべき遺産としてそれは、なんとなく心情的には分かる。でも呪うべき遺産であって、あなたが無条件に肯定するのは心外だ。それに、その美学が三島さんの場合には生活の原体験と結びついていない。架空の世界での論理に飛翔している。

それに対し三島は「そう、おっしゃるとおりです。ぼくはいちばんそれをおそれているんです。つまり原体験と密着できない論理が自分にあって、それが宙に浮いていったら、こんな大ウソはないですからね」と素直に認めます。そんな三島が、論理の出発点として採用できる、血の通った感想という名の価値基準を渇望していなかったはずがありません。古林の指摘が示唆するように、三島は美しい観念の世界を描く一方、それと現実の接点をまるで見出せず苦しんだ人間なのです。

赤塚とやなせの人生は、実に論理的でした。首尾一貫していました。原体験に立脚した価値基準が出発点となり、人生や作品に多大な影響を与え続けたことが如実に分かります。血の通った感想は価値基準となり、そして素晴らしい論理を呼んだのです。「これでいいのだ！」「お腹が空いた人に食べ物を与えることは常に正義である」という価値基準は、二人の作品に横溢しています。

一方、三島の人生はどうでしょうか。高い論理的思考能力を有しながら、その人生は破滅的で右往左往しています。とてもではありませんが、首尾一貫しているとは言えません。

血の通った感想を価値基準にすることの素晴らしさ、そして自己完結した観念的な世界で生きることの難しさを、この三人は教えてくれます。

本書全体を通じ、感想の重要性を記してきました。その効用を広く知られた人物で象徴させるなら、やなせと赤塚です。「それってあなたの感想ですよね」と言われて頭に来たら、この二人の顔か作品を思い浮かべ、そして素敵な感想を持つことの素晴らしさを思い出してください。または、ついに血の通った感想を価値基準にできず、観念の世界に生きるしかなく苦しんだ三島を想起するのもよいかもしれません。

「あやふやな猥褻な日本国」の強み

ニーチェは、真理を追求してしまう性向はキリスト教によって植え付けられたと考えます。確たるゾルレンが価値基準を提供し続けたがために、神が死んだ後も真理を求めずにはいられないというわけです。

この真理を追求してしまうという心理的な傾向は、現代社会と相性がすこぶる悪い。普遍性という名の蝶番《ちょうつがい》が消えゆくなか各人が真理を追求していけば、各々がてんでバラバラの方向に突き進んでしまい、しかも元に戻ることがないからです。

この件について、論壇誌の『世界』『中央公論』『正論』の編集長たちによる鼎談が示唆的です。

五十嵐　それぞれの雑誌はカラーが違い、主要な読者層は異なりますが、例えば小泉悠さんのような論客はいずれの雑誌にも登場しています。日本の言論空間の共通の土台が完全に失われてはいないことの一つの表れではないでしょうか。

インドの話が出ましたが、アメリカでは保守、リベラルの分断がメディアに及んでいます。『ニューヨーク・タイムズ』がデジタル化の推進に加え、トランプ前大統領を徹底的に批判する路線でリベラル層に訴え、購読者数を伸ばしましたが、政治的な主張が先行して事実関係の伝え方が不十分な記事が増えたように感じます。

日本のメディアの場合、安倍さんが亡くなったときに、それぞれ取り上げ方は違っても無視することはない。でも、今のアメリカだと重大な事実ですらなかったことにされかねない勢いで分断が起きています。

日本がそうなってほしくはありません。『世界』だけ、『正論』だけ、『中央公論』だけが生き残っても……。

田北　不健全ですよ、それは。

五十嵐　そうなったときには、もっと大きな価値観が崩れていると思います。だから、何とか踏ん張っていかなければいけない。かといって、生き残ることを優先し、その媒体の中核の読者だけに語りかけると、極論化してしまう。

田北　本当にそう思います。

（『中央公論　2024年4月号』中央公論新社、二〇二四年）

政治的な分断は、アメリカにおいては特に深刻な様相を呈しています。国民の多くが信じられる普遍性が消えゆくなか、それでも普遍的な事実を追い求めるのであれば、普遍と普遍の衝突が国内において生じるのは必定です。

こうした現象はアメリカだけにとどまりません。たとえばドイツでは、社会的分断による政治家に対する暴行事件が急増しているという報道や調査が多く見られます。その原因としてSNSやポピュリズムの台頭があげられていますが、こうした環境的な要因だけでなく、真理を追求してしまうという性向もまた事態を悪化させている一因に違いありません。

一方、日本では様相が異なります。確たる価値基準を描けないがために、真理や普遍的な正しさが空白のまま生きることに慣れているからです。日本においても分断は問題になっていますが、ここで紹介したアメリカやドイツほど深刻でないことは明白でしょう。

こうしたゾルレンなき曖昧な状態は、大抵の場合においてネガティブに捉えられてきました。映画『三島由紀夫vs東大全共闘　50年目の真実』にて、東大全共闘でも指折りの論客であった劇作家の芥正彦は「あやふやな猥褻な日本国」が、三島と全共闘における共通の敵であったと述べるように、政治的・思想的な立場を異にしていても、その曖昧さは欠点だと考えるのが常でした。『「空気」の研究』を著した山本七平や、『あいまいな日本の私』（岩波新書）で表明されている大江健三郎の言にしても、やはり日本の曖味さに対し否定的です。先人たちは、捉えどころのない日本の曖昧さに悩み続けてきたと言っても過言ではないでしょう。確たる価値基準を有する欧米諸国に先進性を見る一方、それがない日本国に後進性を感じ取ったのだと思います。

ところが、今日においてはどうでしょうか。普遍的な正しさを求めるあまり、激しく対立する欧米諸国の今を鑑みれば、曖昧であり続けることの利得は明らかです。規範なき規範である空気が暴走しかねないという大きなデメリットはあるものの、ゾルレンが決して描かれることがないという欠点は、ここにきて強みに転じつつあります。

換言すれば、かつて確たるゾルレン（普遍的な正しさ）を戴いていた国々は、十八世紀以前の数学的な考え、つまり二百年以上前の遺物であるはずの「普遍から普遍」に至る議論からの脱却が難しい。だから、それぞれが普遍性や真理を主張しあうことで、社会は決定的に分断し弱体化していくリスクが高まってしまうわけです。

それと比べれば、ゾルレンを描き得なかった日本は恵まれています。普遍的な正しさがなかったが故に、「仮定から限定」に至る議論を受容しやすいからです。

ここで必要になるのが、曖昧であることを肯定する価値基準の記述です。曖昧な日本に引け目や後進性を感じていては、この恩恵を十分に享受できません。そもそも、曖昧であることがプラスとマイナスのどちらに作用するのかはその時々と状況によるとしか言いようがなく、不必要に曖昧さを卑下するべきではないはずです。

天皇や国民が空白で曖昧であるまま価値基準を記すには、第3章で先述したヒルベルトのアイデアを思い出す必要があります。点や直線（天皇や国民）という対象を説明するのではなく、点と直線の関係性を明らかにすればよいという考え方です。グーはチョキに勝ち、チョキはパーに勝ち、そしてパーはグーに勝つという、誰しもが知る関係性さえ明らかであれば、グー・チョキ・パーという対象が定義されずともゲームは成立するので、十分に「0から1をつくる」際の「1」になるという話です。そしてこの「1」は、今論じている文脈に置きなおすと「価値基準」に他なりません。

戦後からの約八十年間、象徴天皇は政治的発言をなさず、価値基準を示すこともありませんでした。無論、国民の意見や文化に異を唱えることもありませんでした。そういった意味で、象徴天皇はどこまでも中間色であり空白です。そしてそれ故に、国民は自由に天皇や国体を思い描く（定義する）ことができ、何ら制約を受けることなく文化を創出してきました。つまり、「国民は自由に発し（天皇や国体を定義し）、それを天皇は受容する」という関係性を価値基準とすればよいのであり、空白の八十年間がこの関係性の存続を保証します。三島の言葉で表現すれば「一にして多、多にして一」だということです。

こうした関係性から想起されるのは、Z世代の若者たちによるクールな共生です。彼らは、普遍的な事実などないということ、界隈の違いにより幾通りもの結論がありうることを自然と理解できる世代です。まさに「一にして多、多にして一」であり、こうした世界観は先述した天皇と国民との関係性そのものです。

一にして多、多にして一

この天皇と国民の関係性は、日本国内を曖昧さで包み込みます。あらゆる対象と国民の関係性もまた、「一にして多、多にして一」になってしまうのです。

日本において政治はどうあるべきか、教育とは何を意味するのか、いかなる平等（社会保障）が公正かといった問題を突き詰めて考えていけば、日本とはそもそも何であるか、どうあるべきかという問いが否応なしに姿を現し、そして天皇の問題に帰着します。が、天皇や国体を明快に定義することができない以上、政治・教育・平等のあり様についても定義することが困難になり、すべての対象が曖昧になるわけです。天皇や国体のみならず、あらゆるものを「一にして多、多にして一」にしてしまう関係性であり、そのことを是とする価値基準なのだと考えてもよいです。

こうした状況は「普遍から普遍」に至る議論と大変に相性が悪い。どこを探せども普遍的なものがないのですから当然です。論理を展開しようにも普遍的な前提が見当たらないため、さしあたってその時々の空気を前提か結論に据えてしまうわけです。そんな言論空間に対し、どうしようもない後進性を先人たちが見て取ったのも無理はありません。

その一方、「仮定から限定」に至る議論という先進的なスタイルは、これまで空白を蓄積してきたのみならず、特に近年においては次から次へと規範を捨ててきた普遍性なき日本と相性がよい。曖昧さに対し後進性を感じる必要はなく、これこそが日本の強みであり特色であると胸を張ればよいのです。

繰り返しになりますが、ここでの仮定とは広い意味での感想です。「それってあなたの感想ですよね」という軽佻浮薄な言葉を投げかけられてしまいそうな全てのものです。もちろん、これまで記してきた界隈における規範も該当します。

Z世代のなかでもクールな共生ができている若者たちは、この普遍性なき日本における素晴らしい見本です。彼らは、普遍性を追い求めることなく、それでいながら冷笑主義に陥ることもありません。所属する界隈のなかでしか通用しないものの、それでもありありと実感ができる血肉の通った感想（規範）を縁とし、今も熱心に推し活に励んでいるのです。ありもしない普遍的な事実を追い求め、日夜不毛な争いを繰り広げるという非論理的な振る舞いとは無縁であるわけです。天皇と国民の関係性の言い換えである「一にして多、多にして一」という価値基準を最も体現しているのは、彼らZ世代であると断言してもよいくらいです。

その一方、末人というニヒルな存在になりやすいことも書き添えておきます。急速に規範が消えていく現代の影響を強く受ける世代だけあって、それにうまく対応できた側とそうではない側とでは明瞭な差が生じやすいわけです。

全てのカギは、感想にあります。

感想を排除し、ありもしない普遍性を追い求めるため徹底的に論理的であろうとすれば、そのうち何も論が紡げなくなり、晩年のニーチェのような沈黙か発狂が待ち構えています。または、中途半端に論理的に考え偽りの普遍性を追求していけば、欧米諸国で顕著に見られるような不毛な争いが激化し、個人も社会も不幸になるだけです。確かに、ネット上に転がるデータや論理をいい加減に利用すれば、あらゆる結論は容易に導かれるとともに、相手の論の粗探しという名の論破をすることも朝飯前でしょう。

しかし、もしも本当に論破をしたいのであれば、数学のように前提（公理系）と推論規則（論理）を選択・共有し、その限定されたルールのなかで論を交わすしかありません。そしてそれは、あえて言えば特定の界隈のなかでのみ一定レベルで実現しうることです。異なる界隈間で唾を飛ばしあうという行為は、クールな共生ができる人々からすれば犬も食わない愚行に他なりません。

だから、論理的・合理的でありたくて、ただ日々を充実させたいというプリミティブな願いを叶えたいのであれば、何よりも血肉の通った感想が求められます。あらゆる論は感想から始めるべきなのです。これまで不当に軽視されてきた感想の価値を見直すだけでも、今よりずっと個人も社会も明るい展望が描けます。

最後に、改めて感想を獲得するための処方箋を再掲し本章を終えようと思います。

論理的・合理的でありたいという心象風景が最後の武器である。そして論理的でありたいならば規範が必要だ。だから健全な共同体・界隈に所属すべし。磨かれた感受性により規範をストックせよ。

おわりに

原稿を書き終えた後、気分転換にと思い『三島由紀夫の言葉　人間の性《さが》』（新潮新書）という名言集を読んでいました。ページをめくっていくと、幾つかの三島の写真が目に飛び込んできます。

私は、三島が写った写真を好きになれませんでした。どことなくわざとらしく、虚飾に満ちているように思えてならなかったからです。おそらくそれは、三島が理想的な自分という名のゾルレンを創造し、それに自分という名のザインを近づけようとしたがために、演劇的な虚像の匂いが写真から漂ってくるからだと思います。観念の世界に飛翔することを恐れた三島にとって、ザインをゾルレンに近づけるという試みは重要だったのでしょう。天皇を完全なゾルレンとして峻別できなかった一因もまた、こうした三島の考え方にあるような気がします。

しかし、美しいゾルレンや観念の世界を描く能力が天才的であった一方、石原慎太郎の「あんなに運動神経が天才的に無い人間が、肉体を論じるなんて、僭越というか滑稽だね」という言葉が象徴するように、ザインにおける実体的・肉体的な活動については、まるでセンスがありません。その卓抜した才故に崇高な理想となってしまうゾルレンを、あまりにも不器用なザインが追いかければ、皮肉なことに両者の距離は遠ざかるばかり。三島と同じ時代を生きた作家や知識人たちが、晩年の三島に滑稽さを感じたのも頷けます。三島の写真に対し私が抱いた感想もまた、彼らが抱いたそれと同型のものなのでしょう。

ところが、名言集の終盤に掲載されていた、神輿を担いだ三島の写真はまるで違いました。ゾルレンや虚飾の欠片も感じさせない、あまりにも無邪気な笑顔をした三島が写っていたのです。これほどまでに嬉しそうな顔をした男の写真は見たことがなく、それは感動的でさえありました。

石原が酷評した『太陽と鉄』を読むと、神輿を担いだ三島の高揚した様子が伝わってきます。

幼少期、三島は大人たちが神輿を担いでいる様子を見て「深く心を惑わされたことがある」としたうえで「肉体的な苦難のうちに見る陶酔の幻が、どんなものであるか、想像することもできなかった」と記します。石原のように、この手の身体的な活動に慣れ親しんだ人々からすれば共感できない仰々しい文章ですが、虚弱体質であった三島にとっては切実な悩みだったはずです。

最低限の身体的な強さを持った子供ならば、綱引き・野球・リレー競技といった運動により、一度や二度は「肉体的な苦難のうちに見る陶酔の幻」の経験があって、しかもそれらを友人・知人たちと共有したことがあるはずです。だから、そんな万人が有しているはずの体験がなかった三島の論に一般性はありようがなく、その意味で石原による「出鱈目な肉体論」という評には首肯せざるを得ません。が、三島の論は足が不自由だった少年が懸命なリハビリの末、はじめて自分の足で立つことのできた体験談のようでもあり、たしかに普遍性のない論ではあるものの、十二分に傾聴に値する言葉であるはずです。

そんな論と写真から、私は一切のゾルレンや虚飾を排したザインの三島を読み取りました。神輿を担いだ若者たちと、血の通った感想を共有できたのだという確信を得た、これ以上ないほどの喜びに満ちたザインの三島を感じ取ったわけです。

私は早速この体験を小さなエッセイに書いたが、それが私にとって、いかにも重要な体験だと思われたからだった。

なぜならそのとき、私は自分の詩的直観によって眺めた青空と、平凡な巷の若者の目に映った青空との、同一性を疑う余地のない地点に立っていたからである。このような瞬間こそ、私が久しく待ち設けていたものであるが、それは太陽と鉄の恵みに他ならなかった。

（中略）悲劇的なものの、悲壮、陶酔、明晰などの諸要素は、一定の肉体的な力を具えた平均的感性が、正に自分のために用意されたそのような特権的な瞬間に際会することから生れてくる。悲劇には、反悲劇的な活力や無知、なかんずく、或る「そぐわなさ」が要るのであった。人があるとき神的なものであるためには、ふだんは決して神あるいは神に近いものであってはならなかった。

そしてそのような人間だけが見ることのできるあの異様な神聖な青空を、私も亦見ることができたときに、私ははじめて自分の感受性の普遍性を信じることができ、私の飢渇は癒やされ、言葉の機能に関する私の病的な盲信は取り除かれた。私はそのとき、悲劇に参加し、全的な存在に参加していたのである。

（三島由紀夫『太陽と鉄・私の遍歴時代』中公文庫、二〇二〇年）

皆で神輿を懸命に担いだことで生まれた「私は自分の詩的直観によって眺めた青空と、平凡な巷の若者の目に映った青空との、同一性を疑う余地のない地点に立っていた」という言葉から、全く観念的ではない市井の人々と、同じくまるで観念的ではないザインという名の青い空を共有できた喜びが伝わってきます。「あの異様な神聖な青空を、私も亦見ることができたときに、私ははじめて自分の感受性の普遍性を信じることができ、私の飢渇は癒やされ、言葉の機能に関する私の病的な盲信は取り除かれた」という言葉に至っては、三島の喜びがひしひしと伝わるあまり、かえって憐憫の情を感じてしまうほどです。自分の感受性の普遍性を信じることができなければ、周囲の人々と感想を共有できるはずがなく、そんな日々は孤独であったに違いないからです。

神輿を担いだという体験は、たとえほんの一時だとしても、三島の孤独を解消した瞬間だったはず。ゾルレンという叶いもしない虚像を掲げることなく、ザインの三島のままで皆と幸福な時間を共有できたひとときであったはずです。

だから、冗談半分、でも半分は本気で思うのは、三島は理想的な自分という名のゾルレンなんて全て捨てて、毎年欠かさずに神輿を担いでいればよかったのです。皆と一緒に神輿を担いで汗をかき同じ青空を仰ぎ見ることで、自分の感受性には普遍性があって、だからこそ人々と連帯ができザインに居場所を確保できるのだという感触を抱きながら、ただ平々凡々な日々を営んでいればよかったのです。

自身が認めるように、三島はニーチェから大きな影響を受けています。両者の文章を交互に読んでみると、そのことがよく分かります。先述した理想的な自分という名のゾルレンとは、三島が目指した超人の姿だと見なしてもよいくらいです。ゾルレンという目的を設定し、そこに到達するために論理を駆使していったのでしょう。

ところが、ザインという手かせ足かせを外した観念の世界でゾルレンを構築すれば、その理想的な姿は天井知らずに崇高かつユニークになりえます。三島のような卓抜した頭脳と美的感覚があればなおさらです。結果、誰からの共感も得られぬまま、一人孤独に超人を目指すことになり、しかもその目的にまるで到達できず苦しむという事態になりかねません。一部の強者であれば超人メソッドでもよいと記したものの、あまりに優れた能力を持った人間が超人を目指すのは相当に危険なのであり、そのことは三島やニーチェの生涯が象徴しています。

一方、神輿を担いだ三島が、人々と共有できたと確信した血の通った感想は違います。地に足の着いたザインで得た感想を出発点（大前提）にして論理を紡いでいけば、決して孤独に陥ることはないからです。あらぬ方向に論理が進んでしまったり、その先が行き止まりで立ち往生したりしても、また人々と連帯できる感想という名の出発点に戻ればよいはずです。

ここでもまた、良い感想こそが良い論理を生むという構図が見て取れます。そして神輿を担いだ、あまりにも嬉しそうな三島の写真は、血の通った感想を持つことの素晴らしさを、これ以上なく私たちに伝えているのです。

参考文献一覧

足立恒雄『無限の果てに何があるか　現代数学への招待』角川ソフィア文庫　二〇一七年

石川輝吉『ニーチェはこう考えた』ちくまプリマー新書　二〇一〇年

石原慎太郎、坂本忠雄『昔は面白かったな　回想の文壇交友録』新潮新書　二〇一九年

泉三郎『岩倉使節団　誇り高き男たちの物語』祥伝社黄金文庫　二〇一二年

彌永昌吉、赤攝也『公理と証明　証明論への招待』ちくま学芸文庫　二〇一二年

大江健三郎『あいまいな日本の私』岩波新書　一九九五年

岡本裕一朗『教養として学んでおきたいニーチェ』マイナビ新書　二〇二一年

小倉紀蔵『弱いニーチェ　ニヒリズムからアニマシーへ』筑摩選書　二〇二二年

菅孝行『三島由紀夫と天皇』平凡社新書　二〇一八年

木原武一『人生を考えるヒント　ニーチェの言葉から』新潮選書　二〇〇三年

黒澤和子編『黒澤明が選んだ１００本の映画』文春新書　二〇一四年

ミラン・クンデラ（千野栄一訳）『存在の耐えられない軽さ』集英社文庫、一九九八年

坂本多加雄『国家学のすすめ』ちくま新書　二〇〇一年

佐藤秀明『三島由紀夫　悲劇への欲動』岩波新書　二〇二〇年

佐藤秀明編『三島由紀夫の言葉　人間の性』新潮新書　二〇一五年

『数学セミナー　２０２２年８月号』日本評論社　二〇二二年

竹田青嗣『ニーチェ入門』ちくま新書　一九九四年

谷岡一郎『「社会調査」のウソ　リサーチ・リテラシーのすすめ』文春新書　二〇〇〇年

『中央公論　２０２４年４月号』中央公論新社　二〇二四年

寺垣内政一『平面幾何の公理的構築』広島大学出版会　二〇一九年

東畑開人『野の医者は笑う　心の治療とは何か？』誠信

書房　二〇一五年
戸田山和久『論理学をつくる』名古屋大学出版会　二〇〇〇年
永井均『これがニーチェだ』講談社現代新書　一九九八年
長岡亮介『総合的研究　論理学で学ぶ数学――思考ツールとしてのロジック』旺文社　二〇一七年
ニーチェ（手塚富雄訳）『ツァラトゥストラⅠ』中公クラシックス　二〇〇二年
ニーチェ（手塚富雄訳）『ツァラトゥストラⅡ』中公クラシックス　二〇〇二年
ニーチェ（中山元訳）『道徳の系譜学』光文社古典新訳文庫　二〇〇九年
ニーチェ（西尾幹二訳）『偶像の黄昏　アンチクリスト』イデー選書　一九九一年
ニーチェ（西尾幹二訳）『この人を見よ』新潮文庫　一九九〇年
ニーチェ（村井則夫訳）『喜ばしき知恵』河出文庫　二〇一二年
西研『NHK「100分de名著」ブックス　ニーチェ　ツァラトゥストラ』NHK出版　二〇一二年
野矢茂樹『入門！論理学』中公新書　二〇〇六年
マルティン・ハイデッガー（細谷貞雄監訳、加藤登之男、船橋弘訳）『ニーチェⅡ　ヨーロッパのニヒリズム』平凡社ライブラリー　一九九七年
ひろゆき『1%の努力』ダイヤモンド社　二〇二〇年
ひろゆき『99%はバイアス』ダイヤモンド社　二〇二二年
ひろゆき『人生が好転する100の言葉　頑張らずに楽しく生きる』学研プラス　二〇二二年
ひろゆき『ひろゆき流ずるい問題解決の技術』プレジデント社　二〇二二年
ひろゆき『無敵の思考』だいわ文庫　二〇二一年
ひろゆき『無敵の独学術』宝島社　二〇二一年
ひろゆき『ラクしてうまくいく生き方　自分を最優先にしながらちゃんと結果を出す100のコツ』きずな出版　二〇二一年
福本伸行『最強伝説　黒沢』小学館　二〇〇三～〇六年
武論尊、原哲夫『北斗の拳』集英社　一九八四～八九年
ベルクソン（林達夫訳）『笑い』岩波文庫　一九七六年
ぺんたん、まきりえこ『母親を陰謀論で失った』KADOKAWA　二〇二三年

参考文献一覧

ニック・マジューリ（児島修訳）『JUST KEEP BUYING 自動的に富が増え続ける「お金」と「時間」の法則』ダイヤモンド社　二〇二三年
三島由紀夫『オリジナル版　英霊の聲』河出文庫　二〇〇五年
三島由紀夫『告白　三島由紀夫未公開インタビュー』講談社文庫　二〇一九年
三島由紀夫『小説家の休暇』新潮文庫　一九八二年
三島由紀夫『太陽と鉄・私の遍歴時代』中公文庫　二〇二〇年
三島由紀夫『文化防衛論』ちくま文庫　二〇〇六年
三島由紀夫『三島由紀夫評論全集　第四巻』新潮社　一九八九年
三島由紀夫、石原慎太郎『三島由紀夫　石原慎太郎　全対話』中公文庫　二〇二〇年
三島由紀夫、東大全共闘『美と共同体と東大闘争』角川文庫　二〇〇〇年
宮嶋繁明『三島由紀夫と橋川文三』弦書房　二〇〇五年
物江潤『空気が支配する国』新潮新書　二〇二〇年
物江潤『デジタル教育という幻想　GIGAスクール構想の過ち』平凡社新書　二〇二三年
物江潤『デマ・陰謀論・カルト　スマホ教という宗教』新潮新書　二〇二一年
山室信一編『人文学宣言』ナカニシヤ出版　二〇一九年
山本七平『「空気」の研究』文春文庫　二〇一八年
『ユリイカ　2020年9月号』青土社　二〇二〇年
横川良明『人類にとって「推し」とは何なのか、イケメン俳優オタクの僕が本気出して考えてみた』サンマーク出版　二〇二一年
渡邉雅子『「論理的思考」の社会的構築　フランスの思考表現スタイルと言葉の教育』岩波書店　二〇二一年

物江 潤　1985(昭和60)年福島県生まれ。早稲田大学理工学部卒業後、東北電力に入社。2011年退社。松下政経塾を経て、現在は地元で塾を経営する傍ら、執筆に取り組む。著書に『デマ・陰謀論・カルト』等。

Ⓢ新潮新書

1063

「それってあなたの感想《かんそう》ですよね」
論破《ろんぱ》の功罪《こうざい》

著 者　物江《ものえ》　潤《じゅん》

2024年10月20日　発行

発行者　佐 藤 隆 信
発行所　株式会社 新潮社
〒162-8711　東京都新宿区矢来町71番地
編集部(03)3266-5430　読者係(03)3266-5111
https://www.shinchosha.co.jp
装幀　新潮社装幀室
印刷所　株式会社光邦
製本所　株式会社大進堂

© Jun Monoe 2024, Printed in Japan

乱丁・落丁本は、ご面倒ですが
小社読者係宛お送りください。
送料小社負担にてお取替えいたします。

ISBN978-4-10-611063-4 C0230

価格はカバーに表示してあります。